KEY TECHNOLOGIES
OF GAS TUNNEL CONSTRUCTION

瓦斯隧道修建关键技术

易国良　刘龙卫　杨　琨　**编著**

人民交通出版社股份有限公司
北京

内 容 提 要

本书基于多座瓦斯突出隧道、高瓦斯隧道、低瓦斯隧道修建的技术成果和施工经验，系统介绍了我国瓦斯隧道修建相关的关键技术。全书共分为10章，包括绪论、瓦斯隧道概述、瓦斯隧道风险管理、瓦斯隧道施工概述、煤与瓦斯预测预报技术、瓦斯防突技术、瓦斯隧道通风与监测技术、瓦斯隧道施工设备、瓦斯隧道安全技术及应急管理、问题探讨，内容先进、全面。

本书可供从事隧道工程科研、设计、施工的工程技术人员使用，还可以作为相关专业高校师生的参考用书。

图书在版编目（CIP）数据

瓦斯隧道修建关键技术 / 易国良，刘龙卫，杨琨编著．
— 北京：人民交通出版社股份有限公司，2021.9
ISBN 978-7-114-16983-0

Ⅰ.①瓦… Ⅱ.①易… ②刘… ③杨… Ⅲ.①瓦斯隧道—隧道工程—工程技术 Ⅳ.①U459.9

中国版本图书馆CIP数据核字(2020)第252532号

面向挑战的隧道及地下工程
Wasi Suidao Xiujian Guanjian Jishu

书　　　名：	瓦斯隧道修建关键技术
著 作 者：	易国良　刘龙卫　杨　琨
责任编辑：	王　霞　李　娜
责任校对：	刘　芹
责任印制：	张　凯
出版发行：	人民交通出版社股份有限公司
地　　址：	(100011)北京市朝阳区安定门外外馆斜街3号
网　　址：	http://www.ccpcl.com.cn
销售电话：	(010) 59757973
总 经 销：	人民交通出版社股份有限公司发行部
经　　销：	各地新华书店
印　　刷：	北京印匠彩色印刷有限公司
开　　本：	787×1092　1/16
印　　张：	12.25
字　　数：	261千
版　　次：	2021年9月　第1版
印　　次：	2021年9月　第1次印刷
书　　号：	ISBN 978-7-114-16983-0
定　　价：	80.00元

（有印刷、装订质量问题的图书由本公司负责调换）

丛书编写委员会

主 任 委 员

洪开荣

副主任委员

王小平　郭卫社

编　　委（按姓氏笔画排序）

于明华	方俊波	卢建伟	叶康慨	冯欢欢	吕建乐	刘龙卫
刘瑞庆	阮清林	孙振川	杜闯东	李丰果	李凤远	李红军
李志军	李治国	张　迅	张　辉	杨　卓	邹　翀	汪纲领
陈文义	陈振林	陈　馈	国　佳	郑大榕	赵　胜	莫智彪
高　攀	郭陕云	康宝生	董子龙	韩忠存	曾冰海	

本册编写委员会

主任委员

刘龙卫

副主任委员

易国良　杨　琨

编　　委（按姓氏笔画排序）

王兴彬　王　栋　刘龙卫　刘石磊　朱琴生　祁西元　刘　盛
李永生　张永雄　张志和　张忠爱　张　涛　陈海锋　杜　乾
杨　琨　李集光　易国良　郑战清　彭宇民　翟富强

本册顾问

罗　琼　王华平　于明华　张　辉　卓　越　李建华　杨立新
陈文義　吕建乐　王明慧　孙根柱　姚云晓　鲁军良　刘伟帮
李永生　向道银　常　翔　张　迅　高　攀　李沿宗

主 编 单 位

中铁隧道局集团有限公司

中铁隧道集团一处有限公司

协 编 单 位

渝黔铁路有限责任公司

中铁隧道勘察设计研究院有限公司

Key Technologies of Gas Tunnel Construction

丛 书 序
Introductory

200万年前人类祖先已择洞而居，遮蔽风雨，抵御猛兽。中华文明文字记载的隧洞挖掘可追溯至公元前722年郑庄公与其母姜氏"阙地及泉，隧而相见"。人类经过不断探索研究和工程实践，如今随着技术的不断进步与可持续的文明发展，人们对采用隧道与地下工程解决人类生存与地面环境矛盾的认识越来越深刻，如解决地面交通拥堵的问题、解决水资源分布不均的问题、解决地表土地资源稀缺的问题、解决能源安全储存的问题、解决城市地表环境的问题，等等。特别是进入21世纪以来，人类已广泛形成了"来自地表挑战的地下工程解决方案"的共识。同时，正是这些应对挑战的隧道与地下工程解决方案，使得隧道与地下工程建设本身又面临着新的技术挑战，如超深埋的山岭隧道、超浅埋的城市隧道、超长隧道、跨江越海隧道以及复杂地面与地下建（构）筑物环境下的隧道与地下工程等。另外，隧道及地下工程建设还要面临极其复杂的地质条件与恶劣环境的挑战，如高地温、高地应力、高水压、极硬岩、极软岩、地下有害气体、岩溶等。

新中国成立以后，随着铁路、公路、水利水电等基础设施的大规模建设，隧道与地下工程进入快速发展期。至20世纪末，我国累计建成铁路隧道6211座，隧道总长度达3514km，为新中国成立前铁路隧道总长度的22倍。进入21世纪以来，我国的铁路、公路、水利水电、城市地铁、综合管廊、城市地下空间、能源洞库等得到爆发式的发展，我国一跃成为隧道与地下工程发展最快的国家，隧道总量居全球首位。至2017年年底，我国运营隧道（洞）总长达39882km，在建隧道总长约17000km，规划的隧道长度约25000km。隧道与地下工程呈现出向多领域应用延伸，并具有明显地向复杂山区、城市人口密集敏感区发展的趋势。可以说，21世纪，隧道与地下工程将大有作为，但面临的挑战与压力也将是史无前例的。

中铁隧道局集团有限公司（简称"中铁隧道局"）为原铁道部隧道工程局，是国内隧道与地下工程建设的主力军，年隧道建设能力达500km以上，累计建成隧道（洞）约7000km。中铁隧道局自1978年建局以来，承担了我国大量的重、难、险隧道与地下工程建设任务，承建了众多具有标志性、里程碑意义的隧道与地下工程，如首次采用新奥法原理修建的衡广复线大瑶山隧道（14.295km）——开创了我国修建长度超过10km以上隧道的先河，创立浅埋暗挖法修建的北京地铁复兴门折返线——标志着我国地铁建设由"开膛破肚"进入暗挖法时代，首次采用沉管法修建的宁波甬江隧道——标志着我国水下隧道建设的跨越，创建复合盾构施工工法建设的广州地铁2号线越秀公园—广州火车站—三元里区间隧道——标志着我国地铁建设迈入盾构时代。从北京地铁，到广州地铁，再到全国其他43座城市的地铁建设，标志着我国地铁建设技术迈入了引领行列；从穿越秦岭的西康铁路秦岭隧道（19.8km），到兰武铁路乌鞘岭隧道（20.05km）、南疆二线中天山隧道（22.48km）、兰渝线西秦岭隧道（28.24km）、成兰线平安隧道（28.43km）等众多20km以上的隧道，再到兰新铁路关角隧道（32.6km）、大瑞铁路高黎贡山隧道（34.5km），以及引水工程的引松隧洞（69.8km）、引汉济渭隧洞（98.3km）、引鄂喀双隧洞（283km），展示着我国采用钻爆法、TBM法技术能力的综合跨越；从"万里长江第一隧"武汉长江隧道，到首座钻爆法海底隧道厦门翔安隧道、海域第一长隧广深港高铁的狮子洋隧道（10.8km）、首座内河水下立交隧道长沙营盘路湘江隧道、内河沉管隧道南昌红谷隧道，镌刻下我国水下隧道建设技术的成熟与超越；从平原、到高山、到水下，隧道无处不在，给人们带来了便利生活与环境的改善。同时伴随着这些代表性隧道工程的建设，我国隧道施工机械装备与技术方法，也实现了一个又一个台阶的跨越，每一个台阶无不留有隧道人为人类美好生活而挑战自然、驾驭自然的智慧与创造。

"隧贯山河，道通天下"是隧道人的追求与梦想，更是我们的情怀，也是我们对美好生活向往的真实写照！中铁隧道局的广大技术人员，本着促进隧道技术进步、共享隧道建设成果为目的，以承建的重、难、险隧道工程为依托，计划将隧道建设中遇到的难题、形成的技术、积累的经验以及对隧道工程的思考，以专题技术的方式记录和编写一部部出版物，形成"面向挑战的隧道及地下工程"系列丛书。希望本丛书对隧道及地下工程领域的发展与进步具有一定的参考与借鉴价值，同时期待耕耘于该领域的专家、学者和同行进行批评指正，也寄望能给未来的隧道人带来启迪，从而不断地推动隧道及地下工程技术的进步，更加自信地应对社会发展对隧道的需要与建设隧道中的挑战，更好地服务于人类！

在我们策划"面向挑战的隧道及地下工程"丛书的过程中，人民交通出版社股份有限公司给予了我们极大的帮助，共同讨论丛书的架构、篇目布局等，在此致以崇高的敬意！

本系列丛书在编写过程中得到了许多基层技术人员的支持与帮助，相关单位和专家也为丛书的出版做了大量的组织和支持工作，在此一并致以诚挚的感谢！

2018年12月

前 言
Preface

我国是一个多山的国家，随着交通事业的飞速发展和环保要求的不断提高，隧道越来越多地出现在铁路、公路建设之中。而且，我国幅员辽阔，地质条件极其复杂，在隧道的修建中，常常遇到各种各样的不良地质，给隧道修建带来巨大的安全和质量问题。其中，瓦斯隧道风险性高、治理难度大，它的安全、高效施工一直是隧道修建中的重点、难点，也是许多从业单位的痛点。

新中国成立至2000年的50多年里，我国仅修建了18座瓦斯隧道，瓦斯修建技术从零开始，借鉴煤矿技术不断摸索，积累了一定的经验，但也付出了惨痛的代价。2000年以后，随着工程实践的增多，新技术、新设备、新工艺和新工法不断涌现，瓦斯隧道修建技术得到长足发展。本书参考了多座瓦斯突出隧道、高瓦斯隧道、低瓦斯隧道修建的关键技术成果和施工经验，总结形成了较为全面的瓦斯隧道修建技术。期望能与读者分享与共鸣，并为类似工程提供参考，共同推进瓦斯隧道修建关键技术的发展。

本书系"面向挑战的隧道及地下工程"丛书之一。该系列丛书由中铁隧道局集团有限公司组织编写，总工程师洪开荣总主编，依托中铁隧道局集团有限公司承担的重、大、艰、险工程项目以及重大科技攻关项目，系统梳理总结隧道及地下工程领域的建设关键理论、创新技术与发展成果。

本分册共分10章。其中第1章为绪论，简要介绍了我国瓦斯隧道修建技术的概况；第2章简要介绍了瓦斯隧道的一些基本知识和我国瓦斯隧道的技术发展历程；第3章至第7章分别对瓦斯隧道的安全评价、主要施工方法、预测预报技术、防突技术、通风监测技术结合施工案例进行了详细介绍；第8章主要介绍了瓦斯隧道施工设备配置及改装技术；第9章对瓦斯隧道修建过程中的安全管理及规章制度进行了介绍；第10章是对瓦斯隧道修建过程中的一些思考和探讨。在本书的编写过程中，得到了中铁第六勘察设计院集团有限公司、中铁隧道局集团有限公司科研所、重庆职业技术学院、河南理工大学等单位专家的技术指导，在此深表感谢！

由于本书的编写过程较长，且以相关技术成果为依据，书中所依据的标准、规范有与目前现行标准、规范不一致的情况，特此说明。书中如有谬误及不妥之处，恳请读者及专家给予批评指正。

作　者
2018 年 12 月

目 录
Contents

第 1 章　绪论 ··· 001

第 2 章　瓦斯隧道概述 ··· 005
  2.1　煤与瓦斯简介 ··· 007
  2.2　瓦斯的危害 ··· 011
  2.3　瓦斯隧道 ·· 012

第 3 章　瓦斯隧道风险管理 ··· 019
  3.1　隧道瓦斯事故案例 ·· 021
  3.2　瓦斯隧道施工风险源分析 ·· 022
  3.3　瓦斯隧道施工风险指标体系的建立 ··································· 036

第 4 章　瓦斯隧道施工概述 ··· 043
  4.1　低瓦斯隧道施工措施 ··· 046
  4.2　高瓦斯隧道施工措施 ··· 047
  4.3　瓦斯突出隧道施工措施 ·· 048
  4.4　不同等级瓦斯隧道主要措施对比 ······································ 049

第5章 煤与瓦斯预测预报技术 ······ 051

5.1 瓦斯隧道煤与瓦斯预测预报的主要内容 ······ 053
5.2 预测预报方法 ······ 053
5.3 煤与瓦斯相关参数测试 ······ 060

第6章 瓦斯防突技术 ······ 067

6.1 区域防突措施 ······ 069
6.2 工作面防突措施 ······ 086
6.3 石门揭煤总体施工流程 ······ 090
6.4 瓦斯突出隧道爆破设计 ······ 092
6.5 防坍塌及运营期间瓦斯防护 ······ 096

第7章 瓦斯隧道通风与监测技术 ······ 101

7.1 瓦斯隧道通风设计 ······ 103
7.2 通风系统各阶段调整实施 ······ 107
7.3 风管布置对辅助坑道断面的要求 ······ 113
7.4 通风系统设备配置 ······ 113
7.5 揭煤时通风效果检测 ······ 114
7.6 瓦斯监测技术 ······ 116

第8章 瓦斯隧道施工设备 ······ 129

8.1 设备配套原则 ······ 132
8.2 无轨防爆设备改装技术 ······ 134
8.3 防爆改装设备检验 ······ 138
8.4 瓦斯隧道车载闭锁技术 ······ 139

第9章 瓦斯隧道安全技术及应急管理 ······ 143

9.1 供电保护措施 ······ 145
9.2 综合安全防护措施 ······ 150
9.3 安全管理制度 ······ 157
9.4 安全应急救援管理 ······ 169

第10章 问题探讨 ····· 175

- 10.1 铁路隧道与煤矿施工规范适用性探讨 ····· 177
- 10.2 瓦斯工区划分应动态调整 ····· 177
- 10.3 装运设备采用有轨无轨的探讨 ····· 178
- 10.4 现有规范与现场施工的不匹配 ····· 178
- 10.5 存在的管理问题 ····· 180

参考文献 ····· 182

第 1 章

绪 论

Key Technologies of Gas Tunnel Construction

Key Technologies of Gas Tunnel Construction

绪 论 第 1 章

随着我国交通事业的快速发展,交通工程选线理念转入可持续发展的方向,隧道工程在线路中的比重越来越大,有些山区可达90%以上,不可避免地穿越瓦斯地层,因此越来越多的瓦斯隧道出现在交通工程建设之中。瓦斯的特性给工程建设带来了极大的安全风险,稍有不慎就可能引发事故,造成不可估量的损失。

近年来,瓦斯隧道的理论研究和施工技术得到了长足的发展。综合地质预报技术、风瓦电联动的自动通风技术、适用于隧道的无线瓦斯监测系统、施工设备的防爆改装技术、瓦斯消突技术、安全防护体系等新技术、新设备、新工法不断推陈出新,为瓦斯隧道的安全修建提供了坚实的技术保障。

但由于起步较晚,配套技术、设备仍不完善,对瓦斯隧道特性的了解不够全面、深入,对技术内涵的认识不够深刻,在修建过程中时常出现各种问题。如定额缺失预算不足、过度保守不计成本、生搬硬套脱离实际、无知无畏疏于管理、死板执行效率低下等诸多问题仍未得到根本性解决,瓦斯事故时有发生,造成巨大的经济损失,甚至付出生命的代价。

本书将近年来瓦斯隧道修建过程中的关键技术与成功经验进行系统的总结,对存在的问题进行客观分析,为今后修建安全、经济的瓦斯隧道提供借鉴和参考。

第 2 章

瓦斯隧道概述

Key Technologies of Gas Tunnel Construction

Key Technologies of Gas Tunnel Construction

2.1 煤与瓦斯简介

2.1.1 煤

煤是我们常见的物质,是古代植物埋藏在地下,经历了复杂的生物化学和物理化学变化逐渐形成的固体可燃性矿产,俗称煤炭。煤主要由碳、氢、氧、氮、硫和磷等元素组成,碳、氢、氧三者总和约占有机质的95%以上,是非常重要的能源,也是冶金、化学工业的重要原料,同样也是不可再生的资源。中国是世界上最早利用煤炭的国家,也是煤炭储量、产量较大的国家之一。

2.1.2 瓦斯

广义上将凡从围岩或煤层渗入隧道的有害气体均称为瓦斯,其主要成分为:甲烷(沼气CH_4)、二氧化碳(CO_2)、氮气(N_2)、还有少量的硫化氢(H_2S)、一氧化碳(CO)、氢气(H_2)、二氧化硫(SO_2)及其他碳氢化物、稀有气体等。狭义上讲瓦斯单指甲烷(CH_4),包括煤层甲烷和石油甲烷。甲烷(CH_4)为无色、无味的气体,其密度为$0.554kg/m^3$,比空气轻,不溶于水,具有较强的扩散性和可燃性。

瓦斯燃烧(爆炸)的化学方程式为:

$$CH_4+2O_2+ 高温火源 =CO_2+2H_2O+882.6kJ/mol \quad (2-1)$$

从上式可看出:瓦斯在高温火源作用下,与氧气发生化学反应,生成二氧化碳和水蒸气,并释放大量能量,即为燃烧。若反应剧烈,生成物迅速膨胀,形成高温、高压,并以极高的速度向外冲出,就形成瓦斯爆炸。

2.1.3 煤与瓦斯的形成

在整个地质年代中,全球范围内有三大成煤期:
(1)古生代的石炭纪和二叠纪,成煤植物主要是孢子植物,主要煤种为烟煤和无烟煤。
(2)中生代的侏罗纪和白垩纪,成煤植物主要是裸子植物,主要煤种为褐煤和烟煤。
(3)新生代的第三纪,成煤植物主要是被子植物,主要煤种为褐煤,其次为泥炭,也有部分年轻烟煤。

远古植物在堆积成煤的初期，纤维素和有机质经厌氧菌的作用分解，在高温、高压的环境中，在成煤的同时，由于物理和化学作用，继续生成瓦斯。煤层中瓦斯的形成总体来说分为两个阶段：

（1）生物化学成气时期，厌氧微生物分解有机物产生 CH_4。

（2）煤化变质作用时期，有机物在高温、高压作用下，挥发分减少固定碳增多，生成气体主要为 CH_4 和 CO_2。

2.1.4 瓦斯在煤系地层中的赋存状态

煤中瓦斯的赋存状态一般有游离状态和吸附状态两种，见图2-1。

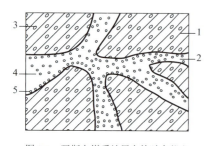

图2-1 瓦斯在煤系地层中的赋存状态

1-煤系岩体；2-空隙；3-吸收瓦斯；4-游离瓦斯；5-吸着瓦斯

（1）游离瓦斯：瓦斯以自由的气体状态存在于煤体和围岩的孔隙、裂隙或空洞中，瓦斯分子在孔隙中可以自由运动。

（2）吸附瓦斯：分为吸着瓦斯和吸收瓦斯。

吸着瓦斯：附着在煤体表面的瓦斯称为吸着瓦斯。

吸收瓦斯：进入煤体内部的瓦斯称为吸收瓦斯。

在煤体中，吸附瓦斯和游离瓦斯在外界条件不变的条件下处于动态平衡状态，吸附状态的瓦斯分子和游离状态的分子处于不断的交换之中；当外界的瓦斯压力和温度发生变化，或给予冲击或振荡影响了分子的能量时，则会破坏其动态平衡，而产生新的平衡状态。吸附瓦斯变为游离瓦斯的现象称为解吸现象。煤中瓦斯80%～90%以上以吸附状态存在。

2.1.5 影响瓦斯含量的地质因素

瓦斯含量是指自然条件下单位质量煤体中所含的瓦斯量（包括游离瓦斯和吸附瓦斯），单位为 m^3/t。

煤体中瓦斯含量与实际瓦斯生成量差别很大；不同煤田、同一煤田内的不同井田、同一井田内的不同采区，其瓦斯含量均有很大差异。造成这种差异的因素很多，主要有以下几方面的原因：

（1）煤的变质程度

煤是天然吸附体，煤的煤化程度越高，其储存瓦斯的能力就越强。一般情况下，在瓦斯带内，倘若其他因素相同，煤化变质程度不同的煤，其瓦斯含量不仅有所不同，而且随深度增加其瓦斯含量增加的量也有所不同。苏联的某项研究认为，随着煤化变质程度的加深，在相同深度下，不仅瓦斯含量高，而且瓦斯含量梯度也增大。

这主要是因为，在一定范围内，随着煤化变质程度的加深，煤体内部因干馏作用而产生微孔隙增多,使煤的表面积增大,其吸附能力也随之增强。

(2)煤层和围岩的透气性

煤系地层岩性组合及其透气性对煤层瓦斯含量有重大影响。煤层及其围岩的透气性越大,瓦斯越易流失,煤层瓦斯含量越小;反之,瓦斯易于保存,煤层的瓦斯含量较高。

现场实践表明:煤层顶底板透气性低的岩层(如泥岩、充填致密的细碎屑岩、裂隙不发育的灰岩等)越厚,在煤系地层中所占的比例越大,则煤层的瓦斯含量越高。反之,当围岩是由厚层中粗砂岩、砾岩或是裂隙溶洞发育的灰岩组成时,煤层瓦斯含量往往较小。

(3)地质构造

地质构造是影响煤层瓦斯赋存及含量的重要条件之一。目前认为,封闭型地质构造有利于封存瓦斯,开放型地质构造有利于瓦斯排放。

①断裂构造:通常张性断层,尤其是通达地表的张性断层,有利于瓦斯的排放;压性断裂不利于瓦斯排放,甚至有一定封闭作用。

②褶曲构造:当顶板为致密岩层且未暴露地表时,一般背斜的瓦斯含量由两翼向轴部增大,在向斜槽部瓦斯含量减少;当顶板为脆性岩层且裂隙较多时,瓦斯容易扩散,因而背斜顶部含瓦斯减少,在向斜轴部瓦斯增加。

(4)煤层露头

煤层露头是瓦斯向地面排放的出口,因此,露头存在时间越长,瓦斯排放就越多,例如福建、广东地区的煤层多露头,瓦斯含量往往较低;反之,地表无露头的煤层,瓦斯含量往往较高。

(5)地下水活动

由于地下水的运移,一方面驱动着裂隙和孔隙中瓦斯的运移,另一方面又带动了溶解于水中的瓦斯一起流动。因此,地下水活动有利于瓦斯的逸散,同时,水吸附在煤岩裂隙和孔隙的表面上,也减弱了煤对瓦斯的吸附能力。因而地下水和瓦斯占有的空间是互补的,表现为水大地带瓦斯小,水小地带瓦斯大。

(6)煤层埋藏深度

煤层埋藏深度的增加不仅会因地应力增高而使煤层和围岩的透气性降低,而且瓦斯向地表运移的距离也增大,这两者的变化均朝着有利于封存瓦斯而不利于排放瓦斯方向发展。

研究表明:当深度不大时,煤层瓦斯含量随埋深的增大基本呈线性增加;当埋深达一定值后,煤层瓦斯含量将趋于常量。

2.1.6 我国煤与瓦斯的分布

(1)我国煤的分布

我国煤炭资源丰富,种类齐全。主要成煤期为石炭纪、二叠纪、侏罗纪和第三纪。地域分布主要以东北、华北、华南、西南较为丰富,具体见表2-1。

我国煤的分布统计　　　　　　　　　　　　　　　　　　　　　　　　　　　　　表 2-1

地 区	成煤地层年代	分布范围
东北	上侏罗统、老第三系	鸡西、鹤岗、双鸭山、抚顺、舒兰、五常、依兰、珲春等地
华北	上石炭统、二叠系、侏罗系	山西、陕北、华北平原等广大地区
西北	下、中侏罗统	准格尔盆地、塔里木盆地、吐鲁番—哈密盆地以及河西走廊一带
青藏高原	石炭—二叠系、侏罗系和第三系煤田	西藏昌都、羌塘等地
南方地区	石炭系、二叠系、三叠系,以下石炭统、上二叠统、上三叠统、下侏罗统为主	包括四川盆地、云贵高原及东南丘陵在内的广大南方地区

(2)我国不同煤系地层、不同地区的瓦斯分布

煤层瓦斯赋存高低、煤层瓦斯涌出量大小、煤与瓦斯突出危险性等主要取决于煤层瓦斯的生成条件和保存条件,这两个条件与不同时代的含煤地层有着密切的关系。因此,不同煤系地层的瓦斯赋存情况也不相同。详见表 2-2。

我国瓦斯带分布统计表　　　　　　　　　　　　　　　　　　　　　　　　　　表 2-2

地质年代	地 区	高 瓦 斯 带	瓦斯带及矿井数量统计
石炭—二叠纪	华北板块	通化—红阳、太行山东麓、阳泉—晋城、桌子山—贺兰山、宜洛—荥巩、临汝—平顶山—郑州、临涣—宿县、淮南—潘谢	共 19 个高瓦斯带,占全国 36 个高瓦斯带数量的 52.8%。全国有 825 对高瓦斯矿井,石炭—二叠纪的煤层有 537 对,占总数的 65.1%,其中华北 131 对,华南 406 对。全国 274 对煤与瓦斯突出矿井,石炭—二叠纪的煤层有 207 对,占全国煤与瓦斯突出矿井总数的 75.55%,其中华北 53 对,华南 154 对。共发生煤与瓦斯突出 7364 次,占全国煤与瓦斯突出总数的 70.4%。
	华南板块	郴资—连曲、涟邵—兴贺、苏南—皖南—浙北、鄂东南—赣北、赣南—翁源、红茂—罗城—柳州、华蓥山—永荣、芙蓉—筠连、川南—黔北—滇东、六盘水、威宁—宣威—圭山	
晚三叠世	川、滇、赣、湘、粤等省及鄂尔多斯盆地东北部,西藏昌都、羌塘和塔里木北缘	龙门山、华蓥山—永荣、雅荣—乐威、荆当—秭归、萍乐—茶醴、广花—高要—阳春	共 6 个高瓦斯带,占全国 36 个高瓦斯带数量的 16.7%。共有高瓦斯矿井 106 对,占高瓦斯矿井总数 12.8%。共有煤与瓦斯突出矿井 27 对,占全国煤与瓦斯突出矿井总数的 9.85%。共发生煤与瓦斯突出 572 次,占全国煤与瓦斯突出总数 5.47%
早—中侏罗世	西北地区的吐鲁番—哈密盆地、塔里木盆地北缘、准噶尔盆地和华北板块的鄂尔多斯盆地,华北板块北部的大同、京西、辽西北票等地	大青山—乌拉山、宣化—兴隆—承德、北票—柳江、甘肃靖远宝积山、青海大通河中上游、新疆淮南	共 6 个高瓦斯带,占全国 36 个高瓦斯带数量的 16.7%。共有 58 对高瓦斯矿井,占全国高瓦斯矿井总数的 7%。共有煤与瓦斯突出矿井 19 对,占全国煤与瓦斯突出矿井总数 6.9%。共发生煤与瓦斯突出 1584 次,占全国煤与瓦斯突出总次数 15.14%
晚侏罗—早白垩世	东北地区的辽宁、吉林、黑龙江三省和内蒙东部	三江—穆棱、吉林的营城—长春、蛟河—辽源、辽宁的铁岭—阜新和大兴安岭东侧高瓦斯带	共 5 个高瓦斯带,占全国 36 个高瓦斯带数量的 13.8%。有高瓦斯矿井 108 对,占高瓦斯矿井的 13.1%,主要分布在以上 5 个高瓦斯带中;共有煤与瓦斯突出矿井 17 对,占全国煤与瓦斯突出矿井总数 6.2%。共发生煤与瓦斯突出 926 次,占全国煤与瓦斯突出总次数的 8.85%
古近纪和新近纪	东部沿海地区,滇西、滇东和台湾地区	敦化—密山、广东茂名、广西百色	无成带的高瓦斯区,但有 18 对高瓦斯矿井,占全国高瓦斯矿井的 2.2%。有煤与瓦斯突出矿井 4 对,共发生煤与瓦斯突出 17 次

（3）总体分布规律

总体来说，我国煤炭的分布规律是北方多，南方少。但煤系地层瓦斯的地域分布规律刚好相反，南方多，北方少。

在瓦斯隧道施工前，应详细了解隧道所穿越的地质情况，对煤与瓦斯的赋存进行详细勘察，对施工风险进行科学评估。

2.2 瓦斯的危害

瓦斯由于其特性，会给隧道施工带来极大的危害，造成严重事故，主要表现在：

（1）引起窒息或中毒

甲烷本身无毒，但较高的浓度会降低空气中氧气的相对浓度。常规情况下，当甲烷浓度达到43%时，氧气浓度会降低到12%，人体会出现呼吸困难等情况；当甲烷浓度达到57%时，氧气浓度会降到9%，短时间内就会使误入其中的人员缺氧窒息，导致伤亡。

一氧化碳、硫化氢、二氧化氮、二氧化硫、氨气等气体具有毒性，氡气具有放射性。在施工中应加强监测，控制浓度，预防中毒。隧道空气中有害气体的最高允许浓度见表2-3。

隧道空气中有害气体的最高允许浓度　　　　　　　　　　表2-3

有害气体名称	符号	最高允许浓度（%）	有害气体名称	符号	最高允许浓度（%）
一氧化碳	CO	0.0024	硫化氢	H_2S	0.00066
二氧化氮	NO_2	0.00025	氨气	NH_3	0.004
二氧化硫	SO_2	0.0005			

关于氡气限值，基本都是对住房和室内环境的规定，见表2-4。而且国内外多数限值都是100Bq/m³（即每秒钟一次衰变），隧道等地下作业空间，可参考室内环境规定限值，见表2-4。

各国氡浓度限值标准　　　　　　　　　　表2-4

标准	氡的浓度限值（Bq/m³）
美国标准	平均150；住房和学校100；企业用房300
德国标准	居住环境100；
世界卫生组织	发达国家100；其他可放宽到300
国际放射防护委员会	新建住宅270
中国标准	新建住宅100；旧住宅200

（2）温室效应

瓦斯作为温室气体之一，若大量排放至大气中，既污染环境，又会形成温室效应。

(3）瓦斯燃烧爆炸

瓦斯与空气混合达到一定浓度,同时遇到高温火源,就能发生燃烧或爆炸。一旦形成灾害事故,会造成隧道内作业人员严重伤亡,严重影响隧道施工安全,造成重大人员伤亡和财产损失。

除瓦斯外,当煤质中挥发物占总可燃物(固定碳加挥发物)10%以上,且形成的小颗粒煤尘悬浮在空气中,当空气中煤尘含量较多($30g/m^3$以上),遇700℃以上的火源,即会发生煤尘爆炸,煤尘爆炸的后果比瓦斯爆炸更严重,因为煤层爆炸会产生大量一氧化碳使人中毒。

(4）瓦斯喷出、煤(岩)与瓦斯突出

瓦斯喷出是指大量承压状态的瓦斯从煤、岩裂缝中快速喷出的现象,是瓦斯涌出的特殊形式。其特点是在短时间内,大量的瓦斯从煤、岩的某一地点突然涌出至工作面,致使工作面的瓦斯浓度快速上升。由于瓦斯喷出在时间上的突发性和空间上的集中性,可能导致人员窒息。若高浓度的瓦斯遇到高温热源,则有可能引发燃烧或爆炸。

煤(岩)与瓦斯突出是指在施工过程中,在极短的时间内,从煤(岩)壁内部向工作面突然喷出煤(岩)和瓦斯的动力现象,简称瓦斯突出或突出。突出能彻底摧毁洞内,甚至洞外设施,使洞内充满突出物,造成人员窒息、被埋、瓦斯爆炸与火灾等严重事故,是瓦斯隧道施工中最为严重的灾害,会造成极大的人员伤亡和财产损失。

另外,在重力作用下松软的煤层突然坍下,同时有大量瓦斯释放,坍下的煤以煤块形式堆积称为煤的突然倾出。部分煤在构造应力或爆破震动影响下,整体抛出,但位移距离不大,压出的煤或呈小块状,或呈有大量裂隙的大块状,称为煤的突然压出。此类现象虽不如突出那样猛烈,但也会引发事故,并引起二次伤害,在施工中也应重点关注。

2.3 瓦斯隧道

2.3.1 我国瓦斯隧道的分类及判定标准

在我国,《铁路瓦斯隧道技术规范》(TB 10120—2002)中提出了瓦斯隧道、瓦斯段落和瓦斯工区的概念。瓦斯隧道分为低瓦斯隧道、高瓦斯隧道及瓦斯突出隧道3种,瓦斯隧道的类型按隧道内瓦斯工区的最高级确定,该分类标准在国内得到了普遍的认可和使用。

(1）瓦斯隧道

由于不确定因素很多,为了确保施工安全,《铁路瓦斯隧道技术规范》对瓦斯隧道没有定量指标,规定只要隧道内存在瓦斯,不论瓦斯出现早晚、时间长短、地点位置、数量大小,该隧道即被定义为瓦斯隧道。根据隧道内各施工工区的最高级,瓦斯隧道可分为低瓦斯隧道、高瓦斯隧道和瓦斯突出隧道3种。瓦斯隧道分级主要由设计阶段依据地表深孔钻探的瓦斯涌出量和瓦斯压力,并结合周边环境的调查来确定。

(2)瓦斯工区

瓦斯工区的划分主要根据施工组织及瓦斯设防需要,经技术经济比较后确定。按瓦斯涌出量和瓦斯压力,《铁路瓦斯隧道技术规范》(TB 10120—2002)中对瓦斯工区分为4类:当全工区未监测到瓦斯时为非瓦斯工区;当瓦斯涌出量小于 $0.5m^3/min$ 时为低瓦斯工区;当瓦斯涌出量大于或等于 $0.5m^3/min$ 时为高瓦斯工区(绝对量);通过鉴定,瓦斯隧道只要有一处具有煤与瓦斯突出危险,该处所在的工区即为瓦斯突出工区。判定瓦斯突出必须同时满足下列4个指标:①瓦斯压力 $P \to 0.74$ MPa;②瓦斯放散初速度 $\Delta P > 10$;③煤的坚固性系数 $f < 0.5$;④煤的破坏类型为Ⅲ类及以上。

《铁路瓦斯隧道技术规范》(TB 10120—2002)条文说明3.3.2中指出:"施工阶段应根据开挖后揭示的实际情况进行修正,尤其是对于煤层突出危险的判断,必须在开挖工作面进行现场检验和核实。"但由于现场施工中对瓦斯难以进行压力和涌出量的测定,主要是通过监测瓦斯浓度,以瓦斯浓度进行安全管理,因此施工阶段必须建立以瓦斯浓度为标准体系的瓦斯分级。

2.3.2 国内外矿井或隧道瓦斯分级标准对比

从世界部分国家(地区)瓦斯分级来看,苏联、波兰、德国、印度和中国采用瓦斯涌出量法进行瓦斯分级,而美国、日本、英国和中国台湾地区采用瓦斯浓度法进行瓦斯分级。国内外矿井或瓦斯隧道分级标准对比见表2-5。

部分国家(地区)瓦斯矿井或隧道分级 表2-5

国家/地区	行业	低瓦斯	高瓦斯	备注
苏联	矿井	$< 10m^3/t$	$\geq 10m^3/t$	采用吨煤相对瓦斯涌出量评价
波兰	矿井	$< 15m^3/t$	$\geq 15m^3/t$	采用吨煤相对瓦斯涌出量评价
德国	矿井	$< 20m^3/t$	$\geq 20m^3/t$	采用吨煤相对瓦斯涌出量评价
印度	矿井	$< 10m^3/t$	$\geq 10m^3/t$	采用吨煤相对瓦斯涌出量评价
日本	矿井	$< 0.5\%$	$\geq 0.5\%$	通风条件下瓦斯浓度
	矿井	$< 3\%$	$\geq 3\%$	停风1h瓦斯浓度
英国	矿井	$< 1.25\%$	$\geq 1.25\%$	通风条件下瓦斯浓度
美国	矿井	$< 0.25\%$	$\geq 0.25\%$	通风条件下瓦斯浓度
中国	矿井	$< 10m^3/t$	$\geq 10m^3/t$	采用吨煤相对瓦斯涌出量评价
	铁路隧道	$< 0.5m^3/min$	$\geq 0.5m^3/min$	采用全工区绝对瓦斯涌出量评价
		$< 0.15MPa$	$\geq 0.15MPa$	采用瓦斯压力评价
中国台湾地区	铁路隧道	$< 0.25\%$	$\geq 0.25\%$	通风条件下瓦斯浓度

2.3.3 我国瓦斯隧道建设发展历程

（1）起步阶段（2000年之前）

由于煤矿瓦斯事故频发，很长一段时期以来，修建隧道时都尽可能避免穿越煤层或含气地层，只有在别无选择的情况下才会不得不修建瓦斯隧道。新中国成立至2000年的50多年里，我国共修建了18座瓦斯隧道，仅占当时全国隧道总数的0.18%，见表2-6。

截至2000年我国修建的瓦斯隧道　　　表2-6

隧道名称	线　路	长度(m)	埋深(m)	瓦斯隧道等级	隧道名称	线　路	长度(m)	埋深(m)	瓦斯隧道等级
岩脚寨隧道	贵昆铁路	2714	—	高瓦斯	碧鸡关隧道	成昆铁路	2282	—	低瓦斯
梅子关隧道	贵昆铁路	1918	375	低瓦斯	八盘岭隧道	溪田铁路	6340	500	高瓦斯
梅花山隧道	贵昆铁路	3968	600	低瓦斯	云台山隧道	侯月铁路	8145	约350	高瓦斯
二甲隧道	贵昆铁路	1050	—	低瓦斯	缙云山隧道	成渝高速公路	左2528 右2478	290	低瓦斯
大寨隧道	贵昆铁路	1942	—	低瓦斯	中梁山隧道	成渝高速公路	左3165 右3108	约275	高瓦斯
长冲隧道	湘黔铁路	1034	—	低瓦斯	炮台山隧道	达成铁路	3078	400	高瓦斯
杨家峪隧道	阳涉铁路	1882	123	低瓦斯	华蓥山隧道	广渝铁路	左4706 右4684	800	有突出危险
灰峪隧道	北京西北环线铁路	3450	—	低瓦斯	家竹箐隧道	南昆铁路	4990	超过500	有突出危险
沙木拉达隧道	成昆铁路	6379	600	低瓦斯	发耳隧道	水柏铁路	1241	小于100	有突出危险

注："—"表示资料不详，以下各表均相同。

这一时期瓦斯隧道的修建过程中，既缺少经验，又无相应规范和配套技术。当时，我国仅有铁道部对瓦斯隧道有部分规定，但也是零星地分散在设计、施工规范及安全规定里，深度不够，范围不全，甚至相互矛盾。设计、施工、管理等各方面处于无章可循的境地。修建瓦斯隧道时多直接套用部分煤矿的技术及规范进行施工，虽然积累了一定的经验，但也付出了惨痛的代价，如株六铁路复线的岩脚寨隧道、南昆铁路的家竹箐隧道、水柏铁路的发耳隧道、达成铁路的炮台山隧道、广渝高速铁路的华蓥山隧道等隧道均发生了瓦斯安全事故。这一阶段，总体上对隧道瓦斯缺乏了解，未引起足够重视，也未进行针对瓦斯隧道的界定标准、评价体系、监测方法、安全防护技术以及应急管理方面的研究，影响了我国对瓦斯隧道修建技术、经验的系统整理和总结。

（2）快速发展阶段（2000年至今）

1994年，铁道部颁布《铁路瓦斯隧道技术暂行规定》，对普通瓦斯隧道进行了一般性的规定，但对于严重的瓦斯突出风险隧道没有明确的有效解决办法，但初步解决了无章可循的被动局面。

进入新时期，随着交通建设的快速发展，瓦斯隧道越来越多地出现。据不完全统计，2000年至今修建的瓦斯隧道已有百余座，规模和等级也有极大的提高。与此同时，对瓦斯隧道的重视程度越来越高，对修建技术的研究也越来越深入。

2.3.4　我国瓦斯隧道修建技术现状

我国瓦斯隧道修建、管理很大程度上借鉴、参考,甚至照搬了煤矿相关做法与经验。2002年,在总结相关瓦斯隧道施工经验,同时借鉴了煤矿相关规范的基础上,铁道部颁布了《铁路瓦斯隧道技术规范》(TB 10120—2002)。参照铁路规范,贵州、四川等省也陆续出台了地方公路瓦斯隧道施工规范。

很多新技术也越来越多地应用到现场,极大提高了施工技术含量和安全保证水平。如:TSP(隧道地震勘探)、超长地质探孔等综合超前地质技术已成为瓦斯隧道,甚至是普通隧道施工的必备手段;内昆铁路朱嘎隧道等采用的设备防爆改装技术已逐步普及;20世纪80年代我国煤矿开始引进瓦斯自动监控系统,并随之应用于瓦斯隧道;渝黔铁路天坪隧道采用的区域瓦斯预抽排等新技术也得到了较为普遍的应用。瓦斯隧道的修建技术和现场管理水平得到了巨大的提升。

但是,我们应该清醒地认识到,瓦斯隧道施工仍有很多不足之处。如:

(1)施工技术、设备不配套。

(2)人员素质普遍不高,管理难度大。

(3)施工组织难度大。

瓦斯隧道施工技术一般来源于煤矿巷道。但煤矿巷道与瓦斯隧道毕竟是两个不同的领域,虽有相通之处,却又各具特点。应该本着实事求是的科学态度,理论联系实际,对不同的施工环境,有针对性地采取科学适用的技术、措施,不能机械理解,更不能照抄照搬。

2.3.5　煤矿巷道与瓦斯隧道施工差异探讨

瓦斯隧道和煤矿巷道既有共同点,即都在瓦斯环境内进行巷道掘进,都要对煤与瓦斯突出等风险进行预防和处置,但又不同于煤矿巷道施工,主要有以下区别:

(1)施工目的不同

煤矿以采煤为目的,因此,煤矿巷道一般埋深较大,沿煤层分布,煤层及瓦斯情况相对明朗。相比煤矿,隧道埋深较浅,地质水文情况更复杂。隧道尽量避开或者减小穿煤厚度,但也使煤与瓦斯的分布及预测难度加大,更增加了风险。

(2)巷道结构不同

煤矿巷道与隧道在结构形式、断面大小、支护形式等方面均有较大差异,详见表2-7。

煤矿巷道与隧道在结构形式、断面大小、支护形式　　　　表2-7

对比项	巷道布置	开挖断面	埋深	巷道施工内容	风险点区别
瓦斯隧道	双洞或正洞+平导,相对简单。但一旦确定,无法调整线路,无专用通风巷道	一般较大,平导一般为30～40 m²,正洞断面普遍为120 m²以上	埋深一般相对较小	巷道开挖支护衬砌、仰拱开挖支护衬砌、附属工程施工、通风(施工期间)、机电(施工期间)、运输(施工期间)、煤与瓦斯防突施工(突出段落)	煤与瓦斯的探测预报难、围岩失稳与瓦斯风险叠加风险增大,机电设备安全风险、人员管理风险大

续上表

对比项	巷道布置	开挖断面	埋深	巷道施工内容	风险点区别
煤矿巷道	主巷道+诸多采掘巷道,相对复杂,但可根据实际需要调整线路,有专用通风巷道	一般较小,仅为$7\sim10m^2$,最大$30m^2$	埋深一般较大	巷道开挖支护、附属工程施工、通风(长期)、机电(长期)、运输(长期)、煤与瓦斯防突施工(长期)	防突工作面多,煤与瓦斯突出风险,机电设备安全风险,管理风险

(3)施工设备不同

煤矿施工由于其专业性和长期性,其配套的机械、电气设备已经相当的齐全、完善,并且机械化、自动化程度越来越高。反观瓦斯隧道施工领域,由于历史和利用率等原因,缺乏配套的机电设备。煤矿一般采用有轨设备进行运输,但目前已有一些无轨防爆设备(如防爆胶轮车等)出现并运用。但是,瓦斯隧道防爆装运设备匹配问题比较突出。

隧道一般采用无轨、有轨、混合等三种运输方式进行装运施工(无轨装渣配合有轨运输,或者局部有轨运输转无轨运输),其中常规隧道基本采用无轨方式进行施工。针对瓦斯隧道的特殊情况,根据《铁路瓦斯隧道技术规范》(TB 10120—2002)的明确要求,必须采用有轨设备或者防爆设备进行施工。

隧道采用有轨运输方式存在设备投入大、管理难度大、场地限制、不灵活而效率低、部分设备质量不稳定(如挖装机等)等诸多问题,目前已很少应用。而应用较多的是无轨防爆改装方式,但存在缺少整机防爆合格证明、合规性不明确、效率相对降低等问题。

采用煤矿标准的电气设备虽然能够部分解决瓦斯隧道施工问题,但也仍然存在与正常段电力系统衔接困难、与部分隧道施工设备不匹配、第二电源投入大、管理难度加大等问题。

(4)人力资源不同

煤炭开采作为一个传统学科,不仅从设计、管理、施工等方面都有完善成熟的标准、规范、经验,而且从各级人员的培养录用、各岗位的配置、各工艺、流程的完善、科学研究等各方面都已建立起一套从院校到矿山、从井下到井上、从工人到矿长的完善体系,专业的人做专业的事。

瓦斯隧道施工作为一门交叉学科,近些年才得到重视,设计、施工、管理人员都缺少经验,一线工人更多的是普通劳务工,劳动技能和素质均难以满足瓦斯隧道的施工要求,虽然经过短期专门强化培训,但管理风险、安全风险依然存在。

(5)施工组织不同

由于煤矿以采煤为目的,因此在设计阶段就已经对矿区地质情况进行了详细的探测,对煤层及瓦斯情况掌握较详细。同时,煤与瓦斯的预报预测、采掘、检验检测、防突措施、揭煤、交通运输、通风等各项施工作为煤矿的常规施工,已形成一整套系统、成熟、标准化的规范。另外,施工过程中可根据实际情况进行相应调整。因此,煤矿施工能从资源配置、施工工艺、定额、工期安排等各方面合理安排,施工组织相对容易。

隧道虽然结构相对长而简单,但一旦设计确定,就无法做线路上的调整。各工序在同一巷道内依次紧跟,循环进行,若全隧按瓦斯隧道组织施工,将造成巨大的浪费。因此,煤系地层的各项施工作为特殊地段的特殊施工,将对后续施工造成巨大影响,甚至需要中断施工。同时,由于缺少配套的施工机械、通风方式等方面的区别,对于瓦斯隧道尤其是高瓦斯、瓦斯突出隧道的施工组织难度相对较大。

  通过以上比较,我们不难看出,煤矿的瓦斯虽然多,风险也大,但其体系健全,制度完善,设备配套,工艺成熟,经验丰富。这些都是瓦斯隧道施工所不及的,瓦斯隧道的施工风险反而更大。因此,更应该积极稳妥地推进瓦斯隧道修建、管理技术的改进和发展。

第 3 章

瓦斯隧道风险管理

Key Technologies of Gas Tunnel Construction

Key Technologies of Gas Tunnel Construction

3.1 隧道瓦斯事故案例

瓦斯隧道施工具有极大的安全风险，施工过程中若瓦斯监测或管理出现漏洞，则极易发生重大安全事故。以下是不同时期几起典型的隧道瓦斯事故：

1959年1月27日，贵昆铁路岩脚寨隧道在下导坑掘进至距洞口242m处，火雷管点火及电灯接线引起二次瓦斯爆炸，并形成塌方，共34人死亡，65人受伤；同年6月26日，电闸拉火又引起瓦斯爆炸，坑道塌方7处。从1月27日—6月26日，共发生瓦斯爆炸6次，由于处置不当，死伤惨重（总计死伤220人）。

达成铁路炮台山隧道在1994年4月3日平导洞掘进至距洞口808m处，灯泡爆裂引发瓦斯燃烧，1人死亡，3人受伤。次日，汽车进洞运风管，由于汽车点火，又引起瓦斯爆炸，12人死亡。

都汶高速公路董家山隧道在2005年12月上旬，隧道右洞进口掌子面发生塌方，由于该处位于背斜核部、裂隙发育、裂隙中含有煤层瓦斯，塌方促使瓦斯大量涌出。12月22日，衬砌台车上的不防爆插座打火，引起瓦斯爆炸，当场44人死亡，11人受伤。爆炸气流充满1500m巷道并冲出洞口，将洞外几十吨重台车推动几十米。

2015年2月24日13时20分左右，成都市龙泉驿五洛路1号隧道发生瓦斯爆炸，事故当场造成3人死亡，20人受伤，如图3-1所示。

图3-1 成都市龙泉驿五洛路1号隧道瓦斯爆炸现场

2017年5月2日下午，贵州大方县成贵铁路七扇岩隧道发生瓦斯爆炸，12人遇难，12人受伤。

3.2 瓦斯隧道施工风险源分析

3.2.1 风险产生的原因

（1）直接原因

按照系统工程的分析观点，引发隧道安全事故的原因，主要是由生产过程中物的不安全状态、环境的不安全因素、人的不安全行为和管理缺陷4项基本原因所组成，生产事故发生的原因及基本规律如图3-2所示。

（2）间接原因

事故的间接原因，是指引起事故原因的原因。事故是由直接原因产生的，而直接原因又是由间接原因引起的。换句话说，事故最初就存在着间接原因，由于间接原因的存在而产生了直接原因，然后通过某种触发的加害物而引起了事故的发生。

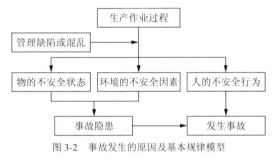

图3-2 事故发生的原因及基本规律模型

间接原因与人的技术水平、受教育程度、身体健康状况、精神状况以及管理、社会等因素有关。

总而言之，导致事故发生或事故发生的间接原因，大体是上述原因中的一种或几种。在实际的工作中，技术原因、教育原因和管理原因是较经常出现的，身体原因和精神原因也时有出现，而社会及历史原因由来深远，牵涉面广，直接提出针对性的对策也比较困难。但这绝不是说社会及历史原因就不应当受到重视，恰恰相反，更应当深刻认识并重视社会及历史原因，只有这样，我们国家国民的安全素质才能得到真正提高，事故发生率才会真正有效地降低。

3.2.2 风险识别方法及选择

（1）风险识别方法

目前，常用的项目风险识别方法有很多。这些方法都可以用来识别隧道工程项目中的各种风险：①核对表法；②幕景分析法；③资料法；④询问法；⑤实地观察和调查法；⑥专家调查法；⑦分解分析法；⑧常识经验判断法；⑨隧道监控量测法；⑩隧道超前地质预报法；⑪试验检测法；⑫工程类比法。

通常在识别工程风险时，可能尚未施工或仅部分施工，工程风险系统也尚未完全形成，而风险管理者必须事先预测这些风险,制订风险管理计划,因而风险管理者必须通过恰当途径预测风险系统、查找风险源、判断风险属性。

(2)工程风险识别方法的选择

工程风险识别的主要任务是定性地判断特定的工程风险是否存在及其属性如何,因而工程风险识别方法通常是一些定性的风险分析方法,且各种工程风险识别方法的分析角度、分析路线和分析测量点等有所不同。在工程风险识别过程中,应根据具体的工程风险识别对象的各种因素权衡,选择适当的风险识别方法,这些因素包括施工特点、风险环境、项目开展阶段和现有风险管理资源等。

风险识别应遵循科学性、系统性、全面性及预测性的原则。风险识别工作应根据各个阶段工作的具体情况在不同阶段选择不同的识别方法,使本阶段的风险识别工作及时有效。

风险识别工作应以动态风险识别为主线,以静态风险识别为手段进行,在项目建设进行的每个阶段都应根据本阶段所获得的信息对风险进行连续的、不断深入的识别。

风险识别的方法较多,可采用核对表法、专家调查法、头脑风暴法和层次分析法等。风险识别大体上可分为静态风险识别和动态风险识别,动态风险识别是根据项目进展的过程进行风险识别,静态风险识别是对以往过程经验和资料进行整理和反馈,从而得到风险因素。

3.2.3 风险辨识流程

风险辨识的流程:确定参与者→收集、阅读相关资料及专家咨询→风险识别→风险筛选→编制风险辨识报告。

(1)确定参与者

工程风险辨识人员应熟知工程建设基本信息,了解工程风险管理的目标和需求,具备地下工程施工经验。

(2)收集相关资料及专家咨询

工程风险辨识时,应广泛收集工程相关资料,并向有丰富经验的专家咨询。其中,需收集的主要资料包括:①工程周边水文、地质、自然环境以及人文、社会区域环境等资料。②类似工程的施工经验和风险事故或相关数据。③工程规划、可行性分析和工程地质勘察等资料。④工程周边的建(构)筑物资料。⑤工程邻近已有地铁及地下工程等资料。⑥工程的设计、施工方案或其他相关文件。⑦可能存在业务联系或影响的相关部门第三方信息。⑧其他相关资料。

(3)风险识别

风险识别主要包括以下 3 个方面内容:

①风险因素分析:系统分析工程建设基本资料,对工程建设的目标、阶段、活动和周边环境中存在的各种风险因素进行分析。

②建立初步识别清单:利用风险调研或检查表建立初步风险清单,清单中明确列出客观

存在的和潜在的各种风险,包括影响安全、质量、进度、费用、环境、信誉等方面的各种风险。

③确定风险事故:根据初步风险清单中整理的风险因素,分析与其相关联的各种潜在的损失或影响,明确工程风险事故发生的原因。

工程风险识别是一项复杂的系统工程,风险识别的路线不同,最终识别结果也就不同,工程风险识别路线如下:①按照工程承包的标段进行风险识别,即以每个标段作为风险识别单位进行风险识别。②按照工程施工顺序进行风险识别,一般是在工程施工之前进行,可以根据类似工程来设想或模拟工程施工顺序,预测风险源和风险事件及其转化条件。③按照相对独立的分项工程或分部工程进行风险识别,识别其动态风险管理过程存在的风险。

在查找风险源时,首先应将整个工程项目分解成若干分项工程,逐个对分项工程进行分析和识别,其次应熟悉各分项工程的施工顺序和技术措施,再次应了解类似工程的风险状况为该项目提供借鉴,以此作为参考,分析当前进行工程风险识别的分项工程是否也存在类似的风险源。

(4)风险筛选

根据风险识别的结果对工程风险进行二次识别,整理并筛选与工程活动直接相关的各项风险,删除其中与工程活动无关或影响极小的风险因素,并进行进一步识别分析,确认是否有遗漏的风险点。

(5)编制风险辨识报告

在工程风险识别和筛选的基础上,根据建设各方的具体要求,结合工程特点和需要,以表单形式给出详细的风险点,列出所有工程风险。

3.2.4　瓦斯隧道施工风险源调研分析

(1)不同类型隧道瓦斯事故风险源调查分析

①瓦斯窒息或有害气体中毒

由于工作环境和施工方式的不同,隧道瓦斯窒息事故并不多见,但在人工挖孔桩和煤矿施工中却时有发生。据不完全统计,2001年至2009年间,煤矿共发生瓦斯窒息事故631起,造成死亡1346人。

隧道有毒有害气体中毒事故相对比较常见。如2017年6月21日,云南省大临铁路工程4合同段红豆山隧道1号斜井,在掌子面开挖工序施工过程中突然冒出硫化氢气体,导致现场6名作业人员死亡。

此类事故的发生,主要在于对施工地层情况不熟悉,未采取超前地质预报手段;未采取有效的检测、监控手段;教育培训及日常管理不到位,施工人员意识薄弱,技能欠缺;不遵守劳动纪律和安全规定等。

②瓦斯燃烧、爆炸

瓦斯燃烧、爆炸是瓦斯隧道最常见的事故,占隧道瓦斯事故的90%以上,在此不再举例。

引起瓦斯燃烧(爆炸)是需要同时具备一定条件的,这也是防止瓦斯燃烧(爆炸)所需要

采取措施进行控制的内容,具体条件如下:

a. 瓦斯浓度。当空气中氧气浓度达到 12% 以上时,若瓦斯浓度在 5%～16% 之间,就会发生爆炸,浓度在 30% 左右时,就能安静地燃烧,具体见图 3-3。

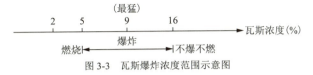

图 3-3　瓦斯爆炸浓度范围示意图

瓦斯燃烧(爆炸)的浓度界限并不是固定不变的,还受到温度、压力、煤尘、其他可燃气体,以及惰性气体的混入等因素的影响。

b. 氧气的浓度。一般情况下,当空气中的氧气含量降低时,瓦斯燃烧(爆炸)的界限也会降低。实践证明,当空气中的氧气含量低于 12% 时,瓦斯混合气体失去可燃性,也不会发生爆炸。

c. 引火温度。点燃或引爆瓦斯所需的最低温度称为引火温度,一般认为瓦斯的引火温度是 650～750℃。明火、电气火花、炽热的物体(气体)、吸烟、爆破、撞击甚至摩擦产生的火花等都足以引燃引爆瓦斯。

以上是瓦斯燃烧(爆炸)必须具备的 3 个基本条件,称为瓦斯燃烧(爆炸)三要素,也是瓦斯隧道防控的关键依据,如图 3-4 所示。

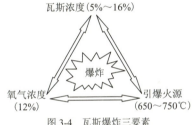

图 3-4　瓦斯爆炸三要素

根据瓦斯燃烧(爆炸)三要素可知,引发此类事故的根本原因是有一定浓度的瓦斯(煤尘)和火(热)源。在瓦斯隧道修建过程中,未能提前探测到前方瓦斯的存在;通风效果不良;瓦斯监测不到位等,均会导致整个隧道内或隧道局部位置瓦斯积聚和超标。未采用防爆设备或防爆设备失效、爆破、金属剧烈撞击、违规动火、违规作业、吸烟、雷击、静电等种种原因提供了火(热)源。两者结合,即可酿成事故。

(2)煤与瓦斯突出

1834 年,法国鲁阿雷煤田依阿克矿井发生了世界上第一次煤与瓦斯突出事故。至今,世界各国共发生煤与瓦斯突出事故 4 万余次。其中强度最大的一次是 1969 年发生在苏联顿巴斯矿区加加林矿井,突出煤量达 14200t,突出瓦斯 25 万 m^3。我国也是煤与瓦斯突出灾害严重的国家之一。据相关统计,2010 年前,我国共发生煤与瓦斯突出事故约 2 万余起,死亡约 3000 余人。其中最大的一次于 1975 年发生在四川天府矿务局三汇一矿,突出煤量达 12780t,突出瓦斯达 140 多万 m^3,突出强度居世界第二。在隧道施工领域,虽然瓦斯突出事故并不多见,但一旦发生,后果不堪设想。

煤与瓦斯突出发生的机理十分复杂,学术界目前对煤与瓦斯突出的机理有两种主流理论。

①球壳失稳机理:认为在突出过程中,地应力首先破坏煤体,使煤体产生裂纹,形成球盖状煤壳。然后煤体向裂隙内释放并积聚高压瓦斯,瓦斯使煤体裂纹扩张并使形成的煤壳失

稳破坏并抛向巷道空间,应力峰值移向煤体内部,继续破坏后续的煤体,形成一个连续发展的突出过程,详见图3-5。

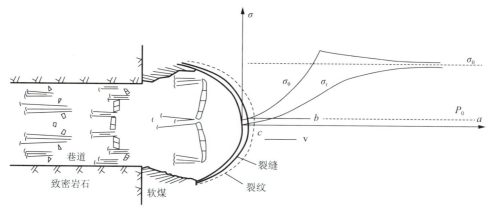

图3-5 球壳失稳机理示意图

②力学作用机理:认为煤与瓦斯突出、冲击地压等煤岩瓦斯动力灾害都是煤岩介质在固气两相力作用下发生突然和连续破坏的过程。这个过程包含准备、发动、发展、终止4个阶段。准备阶段是应力集中并发生弹塑性小变形阶段,发动阶段是暴露面附近煤岩突然失稳并抛出的阶段,发展阶段是继发动阶段后暴露面深部煤岩体连续失稳并抛出的阶段,终止阶段是煤岩停止抛出的阶段。发动阶段的起因主要体现于煤岩应变软化、加速蠕变、介质弱面、振动载荷等,表现为大变形或脆性断裂的破坏形态。发展阶段的起因主要体现于力的梯度的急剧增加,依据气相力作用程度表现为粉化+层裂或层裂破坏的破坏形态,详见图3-6。

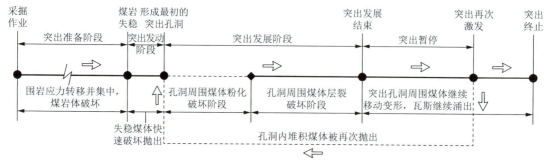

图3-6 力学作用机理示意图

根据陈寿根、谭信荣《瓦斯隧道施工风险管理与控制技术研究与实践》对国内外众多瓦斯隧道施工样本的统计分析和研究,总结出瓦斯爆炸事故危险源与下列因素有关:瓦斯涌出量,属固有危险源;存在引燃瓦斯的点火源、环境中氧气浓度大于12%、瓦斯浓度处于爆炸范围内,属诱发危险源;管理缺陷,属人为因素。

①瓦斯涌出量因素:超前地质预报不准确;瓦斯逸出部位不准确;开挖方法不正确;瓦斯逸出处理不及时;局部塌方。引起瓦斯积聚的因素见表3-1。

瓦斯聚集可能因素　　　　　　　　　　　　　　　　　　　　　　表3-1

序号	瓦斯积聚可能因素	序号	瓦斯积聚可能因素
1	通风机能力不足	12	瓦斯突出
2	通风系统出问题	13	违章排放瓦斯
3	通风系统被破坏	14	隧道拱顶超欠挖严重形成瓦斯积聚点（大于0.5m³）
4	通风机故障	15	过断层或破碎带
5	通风机电路故障	16	局部瓦斯未得到及时处理
6	违章停电	17	无瓦斯检测报警装置
7	风筒漏风严重	18	瓦斯检测报警装置失灵
8	掌子面风力不足	19	瓦斯检测报警装置位置不当
9	风速太低	20	无专职瓦斯检测员
10	通风机随意开停	21	瓦斯检测人员空班漏检
11	违规的串联通风	22	回风巷堵塞

②引燃引爆火源因素见表3-2。

引燃引爆火源因素　　　　　　　　　　　　　　　　　　　　　　表3-2

序号	引燃引爆火源因素	序号	引燃引爆火源因素
1	违章吸烟	11	机械液压连轴节过负荷运转
2	违章使用计算机	12	爆破火花
3	违章在隧道内焊接	13	金属撞击火花
4	供电线路老化	14	岩石撞击火花
5	电缆受损短路	15	摩擦生热
6	电缆违规接头	16	静电火花
7	电器设备损坏火花	17	煤炭自燃
8	电器综合保护失效	18	防火措施不完善
9	违规带电作业	19	隔爆装置失灵
10	违规携带易燃易爆物品进洞		

③管理因素见表3-3。

瓦斯事故人为因素　　　　　　　　　　　　　　　　　　　　　　表3-3

序号	人为因素	序号	人为因素
1	无专项安全方案	11	未使用防爆设备
2	专项方案未经审批	12	瓦斯检测频率不足
3	瓦斯浓度超标未断电	13	无防火措施
4	未执行一炮三检制	14	电气焊作业无防护措施
5	未执行三人连锁爆破制	15	无应急预案
6	采用干式钻孔	16	应急设备无人管理、损坏
7	使用违规雷管或炸药	17	应急设备挪作他用
8	瓦斯浓度超标起爆	18	无应急队伍
9	炮孔堵塞不合格	19	爆破员、瓦检员无证上岗
10	反向装药	20	进洞人员管理不到位

（3）事故统计及资料调研

瓦斯隧道频发的安全事故带来了巨大的经济损失和人员伤亡,造成了极为恶劣的社会影响,所以对已发生的瓦斯隧道施工事故进行统计分析十分必要。本节通过对大量的瓦斯隧道施工事故的统计分析,为建立完善的风险指标体系提供全面、系统、合理的风险源,并总结出引发事故的主要风险源。同时,通过对类似工程安全风险事故的统计,可以为确定风险指标体系中风险因素的相对权重提供参考依据。

国外修建的瓦斯隧道统计样本见表 3-4,国内修建的瓦斯隧道统计样本见表 3-5。通过统计发现:瓦斯隧道易发生瓦斯爆炸、瓦斯燃烧事故,并且在软弱富水地层易发生涌水突泥事故。

国外瓦斯隧道样本　　　　　表 3-4

编号	名 称	国 家 区 域	岩 性 构 造	安全状况	爆炸原因	隧道长度(m)	事故情况
1	北越北线东颈成地区锅立山隧道	日本	砂岩破碎带,泥岩断层褶皱带	安全	无	9117	无
2	113 号国道山形线新宇津隧道	日本	—	安全	无	1335	无
3	Syimar 隧道	美国加利福尼亚州 SanFernando Valley 隧道	断层带	爆炸	点火源引爆	—	17 人死亡
4	Port Huron 隧道	美国密歇根州 Huron 湖底隧道	页岩	爆炸	点火源引爆	10000	22 人死亡
5	连接博洛尼亚和佛罗伦萨铁路 Great Apennine 隧道	意大利	含碳岩带	爆炸		18500	97 人死亡
6	Volta 河 Akosombo 隧道	加纳	泥岩	爆炸			11 人死亡
7	Hongrin 引水隧道	瑞士	—	爆炸	通风设备故障	2000	5 人死亡
8	Chingaza 引水隧道	哥伦比亚	无烟煤层和页岩	爆炸			
9	EI Colegio 隧道	哥伦比亚	沥青页岩	爆炸		8000	

注:表中"—"代表资料不详。

国内瓦斯隧道样本　　　　　表 3-5

编号	隧道名称	线路	区域位置	隧道长度(m)	埋深(m)	地层岩性	地质构造	瓦斯概况	事故情况
1	朱噶隧道	内昆铁路	贵州省威宁县	5194	370	二叠系上统和石炭系下统的石灰岩、白云质灰岩、泥岩、砂岩、煤层及玄武岩等	穿越断层,中部穿越哈啦河向斜	煤层厚 0.1~0.41m,进口段倾角 70°~80°、出口段 20°~30°。瓦斯含量 8.25~12.74m³/t,压力 0.5325~1.7MPa,涌出量 0.194~0.745m³/min	—
2	青山隧道	内昆铁路	云南省大关县、彝良县	4268	1100	志留系、泥盆系、二叠系、三叠系地层,岩性为砂岩、页岩及灰岩	岩层倾角 60°~70°	出口段瓦斯压力达 2.24MPa,瓦斯含量为 9.35m³/t	—

续上表

编号	隧道名称	线路	区域位置	隧道长度(m)	埋深(m)	地层岩性	地质构造	瓦斯概况	事故情况
3	曾家坪2号隧道	内昆铁路	云南省昆明市	2477	500	覆盖志留系中统大路寨组、嘶风崖组。岩性为泥质灰岩、页岩、砂岩，以泥质灰岩为主	进口段与双河断层近30°斜交	瓦斯浓度0.5%～1.5%，最高达8.2%，瓦斯含量0.044m³/t	发生瓦斯燃烧
4	马蹄石隧道	内昆铁路	—	1976	430	为志留系、奥陶系及寒武系，页岩夹砂岩、泥质灰岩	—	瓦斯浓度0.2%～0.76%，爆破后不通风情况下超过1%	—
5	新寨隧道	内昆铁路	云南省昭通市	4409	450	泥盆系、石炭系和二叠系的石灰岩、白云岩等可溶性岩层	倒转背斜轴部与北西翼，煤系地层处于背斜轴部	瓦斯含量为14.946～15.779m³/t，瓦斯压力1.82MPa，瓦斯浓度0.1%～1.5%	—
6	闸上隧道	内昆铁路	云南省昭通市	4068	250	二叠系宣威组地层，煤层位置明确	—	—	—
7	黄莲坡隧道	内昆铁路	云南省盐津县	5306	—	三叠系上统—侏罗系下统香溪群之中厚～巨厚层状砂岩、泥岩及薄煤层或煤线，上覆侏罗系中流自流井组泥岩夹砂岩	—	煤层厚0.02～0.03m，瓦斯涌出量为0.43m³/min	—
8	红石岩隧道	合武铁路	安徽省金寨县	7857	560	出露新太古代—新生代地层，揭露片麻岩、花岗片麻岩、变粒岩	—	瓦斯浓度1.06%，在隧道出口检测到爆破后最大瓦斯浓度1.09%，未出现燃烧现象	发生瓦斯燃烧
9	汀筒沟隧道	合武铁路	安徽省金寨县	2196	—	隧道地层为第四系坡积残积层，元古界斑竹园组岩套、白垩系下统陡岭寨组；岩性为粉质黏土夹碎石、二长花岗岩、二长片麻岩	断层近南北走向，近直立，具有水平错动特征，为二长变粒岩和二长片麻岩边界	瓦斯浓度0.1%～1.3%	发生瓦斯燃烧
10	云台山隧道	侯月铁路	山西省晋城市与临汾市交界	8178	380	石炭系和二叠系地层石盒子组的砂页岩、泥岩及煤层	穿越4条较大的断裂带	煤层厚0.3～1.84m，瓦斯压力0.09～0.18MPa，瓦斯涌出量为0.36～4.03m³/min，放散初速度为3.0～6.5m/s	—
11	通渝隧道	重庆市城黔路	重庆市开县与城口交界	4279	1000	隧道穿越寒武系—三叠系大冶组，隧址区出露最新地层为嘉陵江组及第四系松散层。煤层位于二叠系上统吴家坪组下段	穿越八台山—大宁厂向斜和甘泉背斜	厚为2.0m，瓦斯含量10%～15%，瓦斯压力大于1MPa	发生涌水突出
12	北碚隧道（原尖子山隧道）	渝合高速公路	重庆市北碚区	左4025，右4035	300	自背斜两翼向轴部依次穿越侏罗系中统新田沟组，中下统自流井组，下统珍珠冲组，三叠系上统须家河组，中统雷口坡组，下统嘉陵江组、飞仙关组，二叠系中统长兴组和龙潭组地层	穿中梁山背斜，出口段背斜西翼嘉陵江组和雷口组地层出现大田湾逆断层。左洞为观音峡背斜东翼单斜构造，产状105°∠45°	瓦斯浓度0.08%～0.12%，最大浓度0.3%	—

续上表

编号	隧道名称	线路	区域位置	隧道长度（m）	埋深（m）	地层岩性	地质构造	瓦斯概况	事故情况
13	西山坪隧道	渝合高速公路	重庆市北碚区	1520	260	三叠系上统须家河组第3段厚层砂岩，侏罗系中下统自流井组粉砂质页岩夹叶片状介壳页岩、砂岩及珍珠冲组粉砂质泥岩、岩屑石英砂岩，三叠系上统须家河组第4段灰～灰白色、中～厚层状中粗粒岩屑长石石英砂岩，局部夹灰色薄层泥岩	温塘峡背斜	瓦斯平均含量0.4%，最高瓦斯含量0.8%	—
14	梨树湾隧道	遂渝高速公路	重庆市沙坪坝区	左3880，右3875	240	侏罗系三叠系泥岩、粉砂质泥岩夹页岩、灰岩和薄层煤岩	横穿中梁山背斜，背斜西翼嘉陵江组和雷口坡组地层将出现大田湾逆断层	三叠系上统须家河碳质页岩夹煤层二叠系上统长灰岩中的龙潭煤组	—
15	中梁山隧道	成渝高速公路	重庆市	左3165，右3108	275	三叠系、二叠系和侏罗系炭质页岩、细砂岩、灰岩	隧道横穿中梁山背斜，背斜轴部分布有断层和次级小断层	瓦斯平均含量为30m³/t，最大相对涌出量达181.09m³/t，最大绝对涌出量50m³/t，瓦斯压力达4MPa	发生瓦斯燃烧3次
16	缙云山隧道	成渝高速公路	重庆市	左2528，右2478	290	核部为三叠系上统雷口坡组及嘉陵江组，两翼为三叠系上统须家河组	主要为缙云山复式背斜，F1、F4、F5、F7、F8断层	瓦斯浓度小于0.2%	—
17	华蓥山隧道	广渝高速公路	四川省广安市	4706	770	二叠系龙潭组煤系地层、茅口灰岩	—	与煤层走向夹角86°，瓦斯含量9.94%，压力1.87MPa，煤坚固系数0.25～0.35	发生较大涌水
18	南山隧道	重庆万开高速公路	重庆市	4850	839	上三叠系至中、下侏罗系地层，岩性为薄层状泥岩、砂质泥岩、泥质粉砂岩夹薄层细砂岩、含煤	穿越假角山背斜，出现断层	须家河含煤地层发育煤层及煤线10余层，层厚5～40cm，煤层倾角68°	发生涌水涌泥
19	金洞隧道	渝怀铁路	重庆市黔江区	9108	1000	隧道穿过地层主要是三叠系、二叠系、泥盆系、志留系地层，主要由泥岩、粉砂质泥岩、石灰岩组成，局部为含砂质泥岩和砂岩	隧道穿越濯河坝向斜东翼和鹰家坝断裂	二叠系吴家坪组和梁山组煤系地层，厚0.05～1.05m，左洞瓦斯含量8.185m³/t，压力2.192MPa，右洞瓦斯含量8.741m³/t，压力1.186MPa	发生涌水涌泥
20	圆梁山隧道	渝怀铁路	重庆市酉阳县	11068	780	二叠系灰岩、页岩、泥岩、砂岩、白云岩	毛坝向斜、桐麻岭背斜	非煤地区，瓦斯浓度达2.11%	发生大规模突水

续上表

编号	隧道名称	线路	区域位置	隧道长度（m）	埋深（m）	地层岩性	地质构造	瓦斯概况	事故情况
21	黄草隧道	渝怀铁路	重庆市武隆区、彭水县	7186	约800	志留系下统罗惹坪组页岩，小河坝组砂岩夹页岩，龙马溪组页岩，下统煤谭组灰岩。灰质页岩中存在瓦斯	区内为单斜构造，出露岩层产状为N10°～71°E/NW∠20°～48°	瓦斯浓度为0.1%～0.3%，瓦斯压力0.258MPa	发生涌水
22	白沙沱4号隧道	渝怀铁路	重庆市白沙沱	2118	约300	灰岩、硅质灰岩夹煤层及页岩、砂岩页岩	—	煤系地层长度935m，瓦斯含量最高值超过10%，一般在8.42%以上，瓦斯压力0.78MPa	—
23	武隆隧道	渝怀铁路	重庆市武隆区	9418	约500	志留系下统罗惹坪组页岩、泥岩，岩性为碳酸岩和碎屑岩	武隆向斜北西翼，单斜构造，岩层走向N15°～60°E/SE，倾角12°～36°	瓦斯为隧底下埋深约500m的瓦斯煤通过断层裂隙而逸出，瓦斯涌出量为0.8m³/min，浓度为40%～60%	发生瓦斯燃烧
24	正阳隧道	渝怀铁路	重庆市黔江区	3364	约230	以灰岩为主，伴随有角砾岩、泥岩、灰岩夹页岩、白云岩及煤	灈河坝向斜NW翼，为单斜构造	煤层厚1.3～3.5m，与隧道呈69°相交	发生涌水
25	彭水隧道	渝怀铁路	重庆市彭水县	9024	500	二叠、三叠灰岩、泥灰岩、钙质泥岩、页岩夹薄～中层状砂岩、黑色炭质页岩夹煤层	穿越三岔溪区域性正断层和观音溪向斜和锅厂坝背斜	—	发生涌水
26	界牌坡隧道	渝怀铁路	重庆市涪陵区和长寿区	3548	—	—	—	9次穿越煤系地层	—
27	松林堡隧道	遂渝铁路	—	1320	约100	穿越泥页岩、炭质页岩夹煤层、煤线	—	—	—
28	中兴隧道	重庆至长沙高速公路	重庆市武隆区	左6105，右6082	约100	三叠系、二叠系、志留系地层，主要岩性为页岩夹砂岩、灰岩、白云岩，以及少量岩溶角砾岩、页岩	位于天星—高古逆断层北西翼，巷口向斜南东翼	—	发生涌水
29	走马岭隧道	石万公路	重庆市万州区	2469	400	侏罗系下统珍珠冲组，三叠系上统须家河组、中统巴东组、下统嘉陵江组、大冶组	穿越方斗山背斜，茨竹垭正断层	煤厚0～0.13m，瓦斯压力0.529MPa	发生涌水
30	别岩槽隧道	宜万铁路	重庆市万州区	3721	530	侏罗系下沙溪庙组、新田沟组、自流井组、珍珠冲组和三叠系须家河组、巴东组（长石砂岩、泥岩、页岩）；三叠系嘉陵江组、大冶组（灰岩、白云质灰岩和泥质灰岩）	隧道穿越方斗山弧状背斜构造，发育F1（茨竹垭断裂）、F2（水塘沟断裂）、F3（蒿子坝断裂）三条断层	—	发生涌水
31	齐岳山隧道	宜万铁路	湖北省利川市	10528	670	二叠系、三叠系泥岩、泥砂岩、砂岩、泥灰岩、炭质页岩、煤层等	齐岳山背斜和箭竹溪向斜和15条断层	瓦斯浓度达1.2%，压力达0.74MPa	发生涌水

续上表

编号	隧道名称	线路	区域位置	隧道长度（m）	埋深（m）	地层岩性	地质构造	瓦斯概况	事故情况
32	八字岭隧道	宜万铁路	湖北省宜昌市长阳县和恩施州巴东县	5867	695	隧道穿越志留系、泥盆系、石炭系、二叠系和三叠系等地层	主要为大路坡复向斜，由大路坡向斜、尖山岭背斜、穿心坪向斜组成。隧道区有7条主要断裂	—	发生涌水
33	野三关隧道	宜万铁路	湖北省巴东县	13841	1350	志留系、泥盆系、石炭系、二叠系、三叠系和侏罗系等砂岩、灰岩夹煤层地层、泥岩、页岩、泥灰岩	石马坝背斜、二溪河向斜、柳山拐断层、堰潭冲断层、大坪断层	瓦斯压力为0.58MPa，煤层坚固性系数为1.28，放散初速度为20.4m/s	发生突泥涌水
34	铁峰山隧道	万开高速公路	重庆市	左6030，右6025	760	侏罗系下统下沙溪庙组、新田沟组、中下统自流井组、下统珍珠冲组及三叠系上统须家河组和中统巴东组等地层	—	在K26+330处进入煤层施工段，在K26+930处终止，穿越长度600m	—
35	分水隧道	达万铁路	重庆市綦江区	4747	约300	—	—	煤层最大厚度为0.9m，瓦斯涌出量大于0.3m³/min，绝对瓦斯涌出量大于5 m³/min，瓦斯压力0.96MPa，最高浓度达19%	—
36	丁子岩隧道	达万铁路	四川省达州市	352	—	穿越砂岩、页岩地层	进口穿越煤层，下伏采空区	高瓦斯隧道，煤层总厚50m	—
37	炮台山隧道	达成铁路	四川省金堂县	3078	382	地层岩性主要为砂岩夹泥岩、砾岩，泥岩夹砂岩，不穿越煤层	龙泉山段褶带构造的箱形背斜东翼，进口段穿越F1、F2两个逆断层及一个向斜	瓦斯压力0.12～0.20MPa，瓦斯涌出量3.03m³/min	发生1次瓦斯燃烧，2次爆炸，死亡13人
38	新口垭石隧道	株六复线	贵州省六枝特区	1152	小于400	砂、页岩、炭质页岩、夹凸镜状灰岩及薄煤层	背斜	薄煤层厚约0.2～0.8m，中薄煤层地段厚约0.6～2.0m，瓦斯压力为1.4MPa	—
39	新苏家寨隧道	株六复线	贵州省六枝特区	698	小于200	—	—	煤厚0.4～0.8m，刚开挖时浓度为0.64%，正常通风状态下瓦斯浓度为0.01%～0.08%	—
40	蛟岭隧道	景婺黄高速公路	江西省婺源县与景德镇市交界	左线1531.2，右线1655	250	进口段穿越了上古生界灰岩及煤系地层出口段穿越了中远古界双桥山群浅变质岩系构成的石炭系灰岩、一选系砂岩夹砾岩及煤系地层	较大的断层5条	瓦斯涌出量左线为4.93 m³/min，右线为3.27 m³/min	—

续上表

编号	隧道名称	线路	区域位置	隧道长度（m）	埋深（m）	地层岩性	地质构造	瓦斯概况	事故情况
41	大路梁子隧道	溪洛渡电站交通公路	云南省永善县、盐津县	4360	800	二叠系上统砂岩夹页岩分布煤层、三叠系下统泥岩夹砂岩、三叠系下统灰岩、三叠系中统灰岩夹砂岩	隧道位于铜厂沟背斜	单层煤层厚度一般为0.6～1.2m，瓦斯含量5.59%～10%	发生燃烧和涌水
42	枫树排隧道	赣龙线	江西省于都县	719	小于300	—	—	煤厚0～1.5m，煤层内钻孔瓦斯浓度为81.7%～83.64%，附近煤层瓦斯含量为4.14m³/t、瓦斯压力0.87MPa	—
43	龙溪隧道	都汶高速公路	四川省都江堰市	3658	770	深灰色泥岩、砂质泥岩、砂岩、粉砂岩	穿越F8大断层	—	—
44	梅子关隧道	贵昆铁路	贵州省六枝和水城	1917	375	隧道区分布石炭系上统马平群，二叠系下统各组地层。灰岩、泥质灰岩、页岩夹煤层	烂坝向斜	瓦斯浓度小于0.3%	—
45	梅花山隧道	贵昆铁路	贵州省威宁县	3968	600	中石炭纪威宁统灰岩、上石炭纪马平统灰岩、下二叠纪含煤组、阳新灰岩、峨眉山玄武岩	隧道以70°～80°交角，横穿旅（威宁）水（水城）大背斜	最大瓦斯压力2MPa	—
46	岩脚寨隧道	贵昆铁路	贵州省普定县	2714	—	三叠系乐平煤系石灰岩、页岩、煤	横穿普（定）郎（岱）煤田的大煤山背斜西南翼	煤层厚0.1～8.92m，倾角24°，瓦斯压力0.4MPa	发生瓦斯爆炸5次，瓦斯燃烧2次，死亡34人
47	新岩脚寨隧道	株六复线	贵州省六枝特区	2642	—	三叠系乐平煤系石灰岩、页岩、煤	—	煤层厚度7.1m，瓦斯压力2.5MPa，瓦斯含量15.19m³/t	—
48	凉风垭隧道	崇溪河至遵义高速公路	贵州省桐梓县	8214	490	灰岩、白石质灰岩、泥质页岩、泥岩、碎屑岩、碳质页岩等岩层	—	瓦斯浓度0.1%～0.7%，瓦斯涌出量约为2.2m³/s	发生多次燃烧
49	孙家寨隧道	镇胜高速公路	贵州省安顺市关岭县	左533,右528	90	背斜核部为上二叠统龙潭组煤系地层，岩性主要为泥质粉砂岩、砂岩、泥岩夹煤互层	隧道处于永宁背斜核部，背斜轴线走向为NW，两翼呈较舒缓圆弧状	煤层厚度5m，瓦斯浓度大于1.5%	—
50	白龙山隧道	水柏铁路	贵州省六盘水市水城县	4845	大于600	—	—	煤层厚0.3～0.8m，呈不均匀分布，倾斜角仅10°，最大瓦斯压力仅为1.07MPa	发生涌水
51	何家寨隧道	水柏铁路	贵州省六盘水市水城县	2335	280	石炭系、二叠系的碳酸岩与煤系地层及玄武岩相间组成的地层结构	处于北西构造带之倒转背斜的南西翼，地层全部发生倒转呈单斜构造	隧道中部二叠系栖霞组煤系地层中夹5层厚0.7～2m的煤层，瓦斯含量8.7～13.5m³/t，瓦斯压力2.1～2.3MPa	发生涌水

续上表

编号	隧道名称	线路	区域位置	隧道长度（m）	埋深（m）	地层岩性	地质构造	瓦斯概况	事故情况
52	发耳隧道	水柏公路	贵州省六盘水市	1241	100	二叠系龙潭组	—	瓦斯含量分别为10.03m³/t和9.43m³/t	—
53	白石隧道	矿业道路	陕西省	1730	150	穿越砂岩夹页岩和煤层		隧底30～40m有采空区	
54	关路坡隧道	神延铁路	陕西省子长县	3159	164	穿越砂岩夹页岩和煤层		隧底100m有采空区	
55	天生桥隧道	南昆铁路	云南省师宗县	2450	400	隧道中部穿过二叠系龙潭组煤系地层		瓦斯含量高达10.43m³/t	
56	家竹箐隧道	南昆铁路	贵州省	4990	390	二叠系、三叠系，主要有玄武岩、砂岩、泥岩、煤层和粉砂岩、灰岩、白云岩等	位于盘关向斜东翼，属单斜构造，隧道中部煤系地层有一正断层，破碎带宽15～20m，断距2m	瓦斯压力1.2～1.58MPa，17号煤层瓦斯含量20.17m³/t，18号煤层瓦斯含量18.72m³/t。煤体坚固系数最大为0.55	发生涌水
57	康牛隧道	南昆铁路	云南省罗平县	3186	—	三叠系上统石英砂岩、泥页岩互夹薄煤层	穿越大哈木格断层	—	—
58	上清河隧道	上清河二级电站引水隧道	云南省盐津县	4238	大于300		横穿普洱山背斜，轴部为断层	最大涌出量估计为3～4m³/min	
59	紫坪铺2号导流隧道	都江堰紫坪铺电站	四川省	812.5	大于500	三叠系须家河组的中细粒砂岩、粉砂岩、煤质页岩和纯煤层	岩性较弱，裂隙发育	最大涌出量12.74m³/s	
60	二甲隧道	株六复线	贵州省六枝特区	1050	—	二叠系下统栖霞组黏土，灰岩夹页岩、石英砂岩夹劣煤	断层发育	煤层发育	
61	大寨隧道	贵昆铁路		1942	—	—	—	瓦斯浓度小于0.3%	
62	乌蒙山一号隧道	贵昆铁路	贵州省威宁县	6454	498		穿越梅花山主脉，横穿威水背斜	三套含煤地层，厚0～6.7m，瓦斯压力达3.2MPa	
63	乌蒙山二号隧道	贵昆铁路	贵州省威宁县	12266	498	—	阳关寨枢纽断层、赵家沟逆断层、水井湾逆断层、树舍向斜、高松树逆断层和小田坝逆断层、银坪平移断层		
64	沙木拉达隧道	成昆铁路	四川省喜德县	6379	600			瓦斯浓度小于0.2%	洞内有人晕倒
65	碧鸡关隧道	成昆铁路	云南省昆明市	2282	—			瓦斯浓度小于0.2%	
66	长冲隧道	湘黔铁路	重庆市南岸区	1034	282			瓦斯浓度一般小于0.3%	
67	杨家峪隧道	阳涉铁路	山西省昔阳县	1882	123	砂岩与页岩互层	隧道通过单斜构造中的局部褶皱	瓦斯浓度一般小于0.3%	
68	灰岭隧道	北京西北环线312线	北京市	3450	—	石炭系砂页岩煤系地层		瓦斯浓度一般小于0.3%	
69	八盘岭隧道	溪田铁路	辽宁省本溪县	6340	500	主要为石灰岩、白云质灰岩、石灰岩夹页岩、砂页岩互层、炭质页岩夹薄煤层	共穿过5处断层破碎带	多处高瓦斯	—

续上表

编号	隧道名称	线路	区域位置	隧道长度（m）	埋深（m）	地层岩性	地质构造	瓦斯概况	事故情况
70	紫坪铺隧道	都汶高速公路	四川省都江堰市	左4090，右4060	大于550	隧道穿越地层为第四系和三叠系须家河组	共10条断层，多为走向逆冲断层，发育褶皱3处，主要穿越龚家向斜和龚家背斜	隧道洞身全段穿越须家河组，穿越煤层共16层，其中9层不同程度有炭质泥岩及薄煤层，厚度一般为0.10～0.30m	发生瓦斯爆炸，44人死亡，11人受伤
71	友谊隧道	新213国道	四川省都江堰市	950	209	三叠系须家河组上段砂页岩	区域性断层影响带	须家河地层有煤层广泛分布，30min内的绝对瓦斯涌出量最大为0.857m³/min	发生瓦斯爆炸，伤亡60余人
72	阿山隧道	赤大白地方铁路	—	—	—	—	—	—	发生瓦斯燃烧
73	白沙沱3号隧道	渝怀铁路	重庆市白沙沱	761	—	—	—	煤系地层长度180m，瓦斯浓度一般在4.85%以上，瓦斯压力0.37MPa	—
74	明月山隧道	垫邻高速	四川省、重庆市交界	左6555，右6557	910	三叠系雷口坡组、嘉陵江组、须家河组、侏罗系上统珍珠冲组，进出口地段为泥质灰岩、钙质泥岩、白云岩	新华夏系川东弧形构造带，华蓥山隆皱带明月峡背斜中断鞍部，沿背斜发育断层	瓦斯含量5.86m³/t	地下水发育
75	小范坪隧道	贵广铁路	贵州省黔南州贵定县	1650	202	下伏基岩为二叠系下统栖霞、茅口组灰岩夹白云质灰岩、泥质灰岩，二叠系下统梁山组石英砂岩夹页岩、炭质页岩及煤线，石炭系中统黄龙群灰岩、白云岩，石炭系下统大塘阶石英砂岩、砂岩夹炭质页岩及煤线，泥盆系上统尧梭组灰岩、白云岩夹页岩	位于昌明复式向斜东侧次级褶曲昌明向斜的东翼上，中部至出口走向断层、横断层将大塘组砂、页岩切割错移，断层牵引褶曲使该层破碎，分布零乱	瓦斯压力0.56MPa，瓦斯含量4.67m³/t，瓦斯涌出总量0.61m³/min	发生涌水
76	天坪隧道	渝黔铁路	贵州省遵义市桐梓县	13978	380	二叠系上统龙潭组（P2l）主要为黏土岩、砂岩、硅质岩、灰岩，夹3～23层煤及多层菱铁矿	天坪隧道揭煤段地层呈单斜构造，地层走向N42°E，倾向70°S	C6煤层0.8～3.5m、平均1.48m，吨煤含量达11.47m³，瓦斯压力1.036MPa；C5煤层0.7～3.6m、平均1.46m吨煤含量9.87m³，瓦斯压力1.112MPa；C3煤层0.2～1.4m、平距0.6m，吨煤含量13.91m³，瓦斯压力1.342MPa。煤层间距：C6～C5平层距6.1m，C5～C3平均层间8.5m。煤层与平导交角64°，倾角72°，为急倾斜煤层	未发生

续上表

编号	隧道名称	线路	区域位置	隧道长度(m)	埋深(m)	地层岩性	地质构造	瓦斯概况	事故情况
77	新凉风垭隧道	渝黔铁路	贵州省遵义市桐梓县	7618	560	二叠系上统龙潭组(P2l)主要为黏土岩、砂岩、硅质岩、灰岩含煤9层,可采煤层5层	川黔南北向构造带与北东向构造带交接复合部位,属走向北东—南西的挤压构造带。隧道穿越高桥向斜北翼,受构造应力作用,岩层产状混乱,断裂发育	穿越二叠系龙潭组页岩、砂岩夹煤层,共9层煤,总长度175m。其中可采煤层5层,分别为K2、K4、K5、K8、K9,主采K2、K4、K5,厚度1.5～2.0m,层位稳定。瓦斯绝对涌出量为0.13～3.02m³/min,压力为0.45～1.5MPa,瓦斯含量6.82～21.34m³/t。瓦斯突出隧道	未发生

注:表中"—"代表资料不详。

3.3 瓦斯隧道施工风险指标体系的建立

建立全面、客观、合理、科学、实用的瓦斯隧道施工安全风险评价指标体系是一项复杂的系统工程,其指标的合理性、全面性、科学性的要求非常高,它应能全面、准确、有效地反映出在瓦斯隧道施工中安全风险的各种外在、内在的影响因素,需要按照一定的原则和技术路线去统计、分析、筛选和整理才能有效地解决这一问题。

3.3.1 指标体系的建立原则

确定系统全面、客观合理、科学实用的瓦斯隧道施工安全风险评价指标体系是进行有效风险评估的前提,是得到真实、客观评价结果的坚实基础。建立的体系应能够从客观角度反映各影响因素的作用效果,能综合各影响指标的评价信息分析出安全度,从而全方位评价出瓦斯隧道施工中的安全状态,要达到上述要求则所选指标应遵循以下原则:科学客观、系统全面、简洁明了、层次清晰以及可操作。

3.3.2 指标体系建立的技术路线

风险评估工作的有效开展是建立在系统合理、科学客观以及具有可操作性的风险指标体系基础之上,故指标体系的建立是风险评价流程中的关键环节,也是整个风险评估及管理工作的基础,其建立的技术路线尤为重要。指标体系建立过程中应包括:对相关设计施工单位进行问卷调查、已有成果的广泛调研、类似工程事故的统计、分析归纳以及筛选重组修改。

3.3.3 层次分析法基本原理

层次分析法(Analytic Hierarchy Process,简称 AHP)是 20 世纪 70 年代初美国著名运筹学家、匹兹堡大学教授萨迪(T·L·Saaty)提出的一种定性分析与定量分析相结合的系统分析方法。其基本原理是:首先将问题层次化,即将问题分解为不同的组成因素,按照因素间的相互影响和隶属关系将其分层聚类组合;然后对各层的因素进行对比分析,引入 1~9 比率标度法构造出判断矩阵,通过求解判断矩阵的特征向量得到各因素的相对权重;最后计算待选方案相对于最终目标的相对重要性并排序,通过权重分析,找出其所对应的危险因素的排序。层次分析法分析步骤如下:

(1)建立层次结构模型。首先分析系统各因素之间的关系,分解复杂的风险问题,将风险因素按性质和隶属关系分层次排列,建立层次结构模型如图 3-7 所示。

(2)构造判断矩阵。根据层次结构模型,对同层次各元素关于上层次中某要素的重要性运用专家调查法进行两两比较,结合 1~9 标度(标度的含义见表 3-6),构造出判断矩阵见表 3-7。

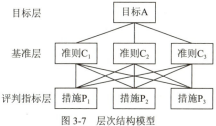

图 3-7 层次结构模型

相对比较标度　　　　　　　　　　表 3-6

标度(i、j 值)	定　义	标度(i、j 值)	定　义
1	表示 A_i 和 A_j 相比,A_i 和 A_j 同等重要	7	表示 A_i 和 A_j 相比,A_i 和 A_j 强烈重要
3	表示 A_i 和 A_j 相比,A_i 和 A_j 稍微重要	9	表示 A_i 和 A_j 相比,A_i 和 A_j 极端重要
5	表示 A_i 和 A_j 相比,A_i 和 A_j 明显重要	2,4,6,8	取上述比较相邻的两个程度之间的中值

两两比较判断矩阵　　　　　　　　　　表 3-7

元素	A_1	A_2	…	A_n
A_1	a_{11}	a_{12}	…	a_{1n}
A_2	a_{21}	a_{22}	…	a_{2n}
…	…	…	…	…
A_n	a_{n1}	a_{n2}	…	a_{nn}

(3)由判断矩阵计算被比较元素对于该准则的相对权重。最大特征值 λ_{max} 与特征向量 W 之间的关系为

$$AW = \lambda_{max} W \qquad (3\text{-}1)$$

$$\lambda_{max} = \sum_{i=1}^{n} \left[(AW)_i / nw_i \right]$$

式中，W 分量相应 n 个因素的权重，其中相对权重 $w_i = \overline{w_i}/\sum_{i=1}^{n}\overline{w_i}$，几何平均值 $\overline{w_i} = \sqrt[n]{\sum_{j=1}^{n}a_{ij}}$。

（4）一致性检验。由于人的认识的多样性，在影响因素的判断上不可避免地存在主观性，因此为了剔除主观因素的影响，需对判断矩阵进行一致性检验。

首先计算一致性指标 C.I.，由 C.I.=$(\lambda_{max}-n)/(n-1)$（式中 n 为判断矩阵的阶数）得出。其次通过查表（表 3-8）得出判断矩阵的平均随机一致性指标 R.I.。

平均随机一致性指标 R.I.　　　　　表 3-8

矩阵阶数	1	2	3	4	5	6	7	8	9	10	11	12	13	14	15
R.I. 值	0	0	0.58	0.90	1.12	1.24	1.32	1.41	1.46	1.49	1.52	1.54	1.56	1.58	1.59

最后通过 C.R.= C.I./ R.I. 计算一致性比例 C.R.，当随机一致性比率 C.R. < 0.1 时，认为矩阵中的各参数具有满意的一致性，AHP 法求解结果才是有效的，否则计算结果无效，需要重新调整判断矩阵直到满足一致性要求为止。

3.3.4　瓦斯隧道施工安全风险评价指标体系

瓦斯隧道施工安全风险评价指标体系的建立过程比较复杂，应严格按照指标体系建立原则构建。首先，应充分了解所需要研究的工程情况，对工程背景、设计资料、地层资料、施工组织方案等文件资料进行统计，根据统计资料对可能发生的风险事故进行识别和归类总结。其次，应对相关领域的专家，包括设计、科研、施工以及工程管理人员进行广泛的调研。最后，根据收集到的主、客观资料对主要风险事故进行分析及总结，识别所有潜在的可能风险，最后形成风险评估指标体系。

在对设计施工单位进行了问卷调查、线路资料调研的基础上，通过理论分析、系统总结、已有成果调研以及参考国内外研究成果，全面吸收、归纳、重组、增删现有的评价指标，再进一步研究主要风险指标间的关系，得到了较为完善的风险评价指标体系总体框架。其主要步骤如下：

（1）确定层次结构关系

构建出合理可行的适用于瓦斯隧道施工安全风险评价的递阶层次结构模型是首要工作，这种层次结构关系是根据各评价指标的相互支配关系建立起一自下而上的层次结构模型。构建层次结构关系的基本思路是将研究问题层次化、条理化，将复杂问题分解为多个简单问题，拟定出一系列评价指标，然后根据每个评价指标的属性关系构成层次结构，结构中同一层次的元素相互为并行关系，相对下一层次起支配作用，相对上一层次则为被支配关系。

层次结构模型一般分为最高层、中间层和最底层。最高层一般称之为目标层，该层由一个元素构成，它一般表达出待分析问题的预期结构或目标；中间层一般又称为准则层，该层是目标层与最底层之间的桥梁，可以由多个层次构成，主要包括评价所需的准则和子准则；最底层一般被称为措施层或方案层，该层的元素一般为要实现最高层目标所需的多种措施和方案等,具有多样性和独立性。

(2)评价指标体系结构优化

对建立的评价体系进行结构优化的工作相当重要,其主要工作的内容和方法如下:

①体系完备性分析。结构体系完备性分析的内容主要包括对平行结点的重叠性与独立性分析,主要测试平行的某一个子目标是否包含了其他子目标的内容,以及测试该子目标是否包含了所应包含的全部内容。

②体系层次深度分析。指标体系的层次数即层次深度与指标的数量、评价对象的复杂程度有关,评价对象越复杂、指标数量越多,其层次数就会越多;相反,评价对象越简单、评价标越少,其层次数就会越少。但是应注意控制结构的层数,因为层数过多会影响评价的效果,故应根据评价的对象、目标合理地构建指标体系的层数。

③体系聚合情况分析。评价体系是一个整体,实现了对目标风险的评价功能,故该体系应具备较强的聚合性能,即该指标体系各指标之间具有一定的相关性,能共同实现评价目标风险这一目的,必须有合理或科学的依据保证他们"能够聚合在一起"。

(3)确定指标体系总体框架

针对瓦斯隧道施工风险实际情况,考虑施工单位的影响因素,在此基础上建立了瓦斯隧道的安全风险评价指标体系。该指标体系是在利用科学的理论方法进行分析、广泛的资料调研、现场问卷调查和参考现行相关规范的基础上建立的,真正体现了科学客观、系统全面、简洁明了、层次清晰以及可操作的建立原则,从瓦斯隧道的施工安全角度出发,建立瓦斯隧道施工风险管理的评价指标体系框架,如图3-8所示。

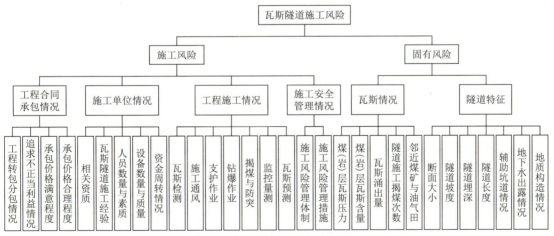

图3-8 瓦斯隧道施工风险评价指标框架

(4)指标体系的确定

该研究建立了瓦斯隧道施工的安全风险评价指标体系,该指标体系由瓦斯隧道施工风险和固有风险两个子目标组成。指标体系是呈金字塔式的层次分析结构模型,该体系主要包括3个层次:目标层、逻辑层和因素层。目标层为从上至下的第一层,位于金字塔塔尖位置,为瓦斯隧道施工风险;其次为逻辑层,该层将评价目标分解为两个子目标,施工风险和固有风险；再向下为因素层，该层是对逻辑层子目标的进一步细化，该层指标的选取和排列充分体现了构建指标体系的科学客观、系统全面、简洁明了、层次清晰以及可操作原则。整个指标体系形成了一个有序的、不可分割的评价系统。鉴于篇幅，无法对每一个逻辑层的子系统进行详细说明，在此以施工风险子系统为例，说明其框架结构，所有的子体系详见图 3-9～图 3-11。用于施工风险评价的指标体系包含一级指标 4 个、二级指标 17 个、三级指标 52 个。

具体说明如下：

①一级指标

一级指标分别是工程合同承包情况、施工单位情况、工程施工情况和工程施工管理情况。

②二级指标

工程合同承包情况指标下有 4 个二级指标，分别是：工程分包情况、追求不正当利润情况、承包价格满意程度和承包价合理情况。

施工单位情况指标下有 5 个二级指标，分别是：相关资质、瓦斯隧道施工经验、人员数量及素质、设备数量及质量和资金周转情况。

工程施工情况指标下有 7 个二级指标，分别是：瓦斯预测、钻爆作业、揭煤作业、支护作业、瓦斯检测、施工通风和监控量测。其中，在二级指标瓦斯预测下有 4 个三级指标，分别为地质调查全面性、预测方法合理性、预报操作规范性和预报人员水平；二级指标钻爆作业下有 10 个三级指标，分别是钻孔施工形式合理性、炮眼深度合理性、炸药选用规范性、雷管选用规范性、起爆器使用规范性、装药规范性、炮眼封堵质量、爆破网络连线规范性、起爆规范性、隧道壁面平整程度；二级指标揭煤作业下有 8 个三级指标，分别是煤层预测准确性、钻孔作业规范性、瓦斯抽排工艺合理性、开挖爆破规范性、支护措施合理性、揭煤瓦检规范性、揭煤通风规范性和洞口火源规范性；二级指标支护作业下有 7 个三级指标，分别是围岩封闭及时性、瓦斯隔离措施规范性、气密混凝土规范性、沉降缝处理合理性、支护方法合理性、支护强度合理性和支护质量情况；二级指标瓦斯检测下有 3 个三级指标，分别是人工瓦斯检测情况、实时自动瓦斯监测情况和车载瓦斯监测情况；二级指标施工通风下有 10 个三级指标，分别是通风方式合理性、风量规范性、风机选用合理性、风管选用合理性、风机电源可靠性、"风电闭锁"有效性、通风长度合理性、风机开停规范性、漏风控制有效性和局扇设置规范性；二级指标监控量测下有 8 个三级指标，分别是掌子面稳定情况、量测仪器可靠性、量测部位合理性、量测频率规范性、量测项目规范性、量测制度合理性、数据处理规范性、信息反馈及时性。

施工安全管理情况指标下有 2 个二级指标，分别是：安全风险管理体制和安全风险管理措施。其中，二级指标安全风险管理体制下有 3 个三级指标，分别是：安全管理机构体系、安全教育培训和安全管理制度；二级指标安全风险管理措施下有 5 个三级指标，分别为：瓦斯浓度管理、电器设备与作业机械、洞内火源管理、塌方预防措施和应急预案。

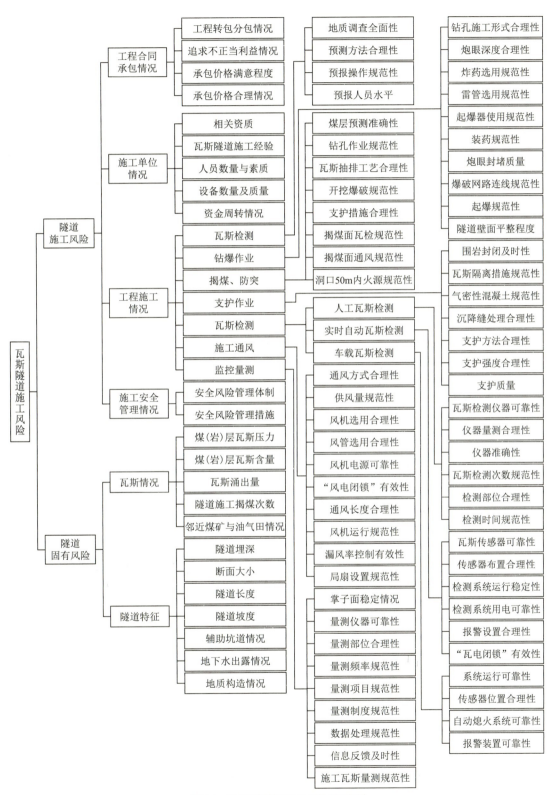

图 3-9 瓦斯隧道施工风险评价指标体系

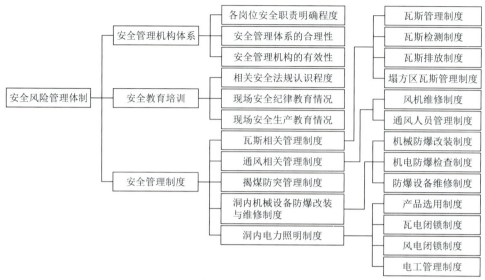

图 3-10　瓦斯隧道安全风险管理体制

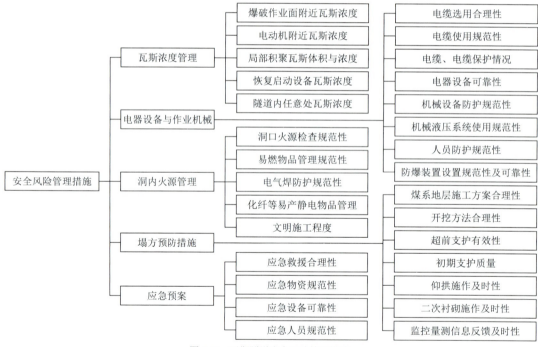

图 3-11　瓦斯隧道安全风险管理措施

第 4 章

瓦斯隧道施工概述

Key Technologies of Gas Tunnel Construction

Key Technologies of Gas Tunnel Construction

在防治瓦斯技术研究方面,德国专家提出通过分析风流中气体监测结果来评价瓦斯突出的危险性:一是利用从风流中测得的沼气浓度能够在多大程度上反映沼气量变化过程;二是它能否作为确定防突措施的必要依据。为弄清瓦斯的局部通风掘进工作面放炮后瓦斯涌出量的变化情况,研究者对瓦斯在风流中的扩散进行了研究。试验结果为,利用在后方风流中任意的观测站测得的瓦斯浓度变化,就能定出爆破地点瓦斯浓度及其随时间的关系。并对瓦斯突出危险性特征值的变化及长期变化研究趋势进行分析评价,开发了一种测量瓦斯涌出量的装置。苏联在20世纪60年代开始研究煤与瓦斯突出的预测预报技术,70年代已经应用于现场。法国和德国等采用地质雷达、红外线测试和光谱分析试验等无损检测对隧道衬砌进行检查。

中铁隧道局集团在云台山瓦斯隧道中用平导第一次揭煤,按先进行瓦斯预测,然后进行爆破设计,揭煤前后按安全作业进行管理的程序。由于措施得力,在云台山隧道揭煤22次,次次安全揭开,没发生一次瓦斯事故,达到了预期目的,为瓦斯隧道揭煤机安全事故管理提供了经验。

中南大学赵志飞在发耳瓦斯隧道对控制公路瓦斯隧道安全施工的技术——超前预报技术、瓦斯实时监测技术及防突出技术、通风技术等进行了综合研究,并通过Fluent仿真模拟研究瓦斯隧道的通风及瓦斯分布规律,最终达到该类隧道安全施工的目的。

随着瓦斯隧道的不断出现,瓦斯隧道施工技术和安全技术得到了越来越多的重视和发展,新技术、新工艺、新设备不断出现,有效地确保了瓦斯隧道施工安全,显著提升了瓦斯隧道修建技术水平。

但是,在瓦斯隧道修建过程中各种不确定因素极多,煤与瓦斯的情况也无法做到完全准确预测。因此在修建过程中,要通过各种手段对各工区的地质及煤与瓦斯情况进行探测及评估,不断修正,准确确定瓦斯工区及瓦斯隧道等级,并采取相应的技术、管理措施,确保安全,见表4-1。

瓦斯隧道、瓦斯工区的分类及判定指标 表4-1

项 目	分 类	判 定 指 标	备 注
瓦斯工区	低瓦斯工区	$< 0.5 m^3/min$	按绝对瓦斯涌出量进行判定
	高瓦斯工区	$\geq 0.5 m^3/min$	
	瓦斯突出工区	判定瓦斯突出必须同时满足下列4个指标: (1)瓦斯压力 $P \geq 0.74MPa$; (2)瓦斯放散初速度 $\Delta P \geq 10$; (3)煤的坚固系数 $f \leq 0.5$; (4)煤的破坏类型为Ⅲ级及其以上。 另外,吨煤瓦斯含量$\geq 8m^3/t$,以及动力现象也可作为判定突出的标准	按瓦斯压力、瓦斯放散初速度、煤的坚固系数及煤的破坏类型进行判定
瓦斯隧道	低瓦斯隧道	按隧道内等级最高的工区确定	
	高瓦斯隧道		
	瓦斯突出隧道		

4.1 低瓦斯隧道施工措施

4.1.1 低瓦斯隧道的特点

根据判定标准可知,低瓦斯隧道由于瓦斯量较小,是所有瓦斯隧道里等级最低的,但不能因此不重视。一旦处置不当,低瓦斯隧道也会发生瓦斯事故,原因如下:

(1)数量多。低瓦斯隧道是所有瓦斯隧道中存在数量最多,所占比例最大,理论上发生事故的概率也最大。

(2)易忽视。一般情况下,低瓦斯隧道瓦斯涌出量小,瓦斯浓度低,有时甚至不易察觉。无论在设计阶段还是施工阶段,都极易被忽视。

4.1.2 低瓦斯隧道施工措施

低瓦斯隧道易发生的瓦斯事故主要是瓦斯燃烧、瓦斯爆炸及隧道塌方。根据前文中对此类事故的发生原因进行分析,低瓦斯隧道应采取以下措施:

(1)超前地质/瓦斯预测预报

超前地质预报是目前隧道修建过程中强制性采用的技术措施,常见的如TSP、地质雷达、地质素描、超前探孔、加深炮孔等。根据低瓦斯隧道的特点,应重视探孔的作用。

(2)监测与通风

低瓦斯隧道安全施工的关键在于防止瓦斯的集聚。因此,隧道内应安装人工/自动瓦斯监测系统。尤其是在以下部位:煤层附近的掌子面、拱顶塌穴、拱顶下30~40cm范围、巷道转角、各种洞室、台车等大型设备背风处等应重点监控,防止瓦斯集聚。从时间上来说,爆破后、动火时、停风后、复工前也应重点监测。

采用正常通风形式,应确保足够的风量和风速,确保瓦斯浓度不得超过0.5%。易集聚瓦斯处可设置局扇等设备,吹散瓦斯的风速不低于1m/s。

(3)电气设备与施工设备

低瓦斯隧道可采用常规设备进行施工,但必须是在通风和监测正常的前提下。

(4)爆破与开挖

采用常规爆破器材和开挖方式,在爆破全过程进行瓦斯监测。

(5)开挖支护

按正常支护形式施工,也可采用气密性混凝土施工。加强围岩的监控量测工作。若需穿越煤层时,因为不具备突出风险,可采用超前支护加固后揭开石门。揭煤时,应聘请专业煤矿救护队作为安全应急保障。

（6）人员管理

严禁烟火、手机等入内。动火应审批并采取安保措施后方可进行。加强宣传教育，提高思想意识和防护技能。

低瓦斯隧道虽然风险相对较小，但更应严格管理，杜绝麻痹大意，更不能轻视无视。

4.2 高瓦斯隧道施工措施

与低瓦斯隧道相比，高瓦斯隧道风险更高，可能造成的事故更为严重，所采取的技术、管理措施更加严格。

（1）超前地质/瓦斯预测预报

采用与低瓦斯隧道相同的技术手段进行超前预测预报。根据高瓦斯隧道的特点，应高度重视探孔的作用。多种手段探清前方煤与瓦斯的情况。

（2）监测与通风

隧道内应安装人工/自动瓦斯监测系统。尤其是在以下部位：煤层附近的掌子面、拱顶塌穴、拱顶下 30～40cm 范围、巷道转角、各种洞室、台车等大型设备背风处等应重点监控，防止瓦斯集聚。从时间上来说，爆破后、动火时、停风后、复工前也应重点监测。

尽量采用压入式通风形式，若采用巷道式通风，则最好有独立的排风巷道。不管采用何种方式，都应确保足够的风量和风速，回风流风速不得低于 0.5m/s，确保瓦斯浓度不得超过 0.5%。易集聚瓦斯处可设置局扇等设备，吹散瓦斯的风速不低于 1m/s。配备风瓦闭锁，实现瓦斯监测和通风系统联动。

（3）电气设备与施工设备

高瓦斯隧道必须采用防爆型设备进行施工。必须配置双电源、双回路供电系统，通风设备采用双风机配置。设备配置瓦电闭锁装置，实现瓦斯超标后自行断电。

（4）爆破

采用符合等级要求的矿用爆破器材和爆破方式，建议采用水炮泥。在爆破时执行"一炮三检""三人连锁放炮"制度。为安全起见，建议人员撤出洞外后起爆。爆破后需根据瓦检系统反馈隧道内瓦斯浓度等情况后方可确定是否进行下道工序作业。隧道内应配备洒水除尘设备，防止火花产生及粉尘爆炸，改善通风。

（5）开挖与支护

按正常支护形式施工。必须采用气密性混凝土施工，钢结构采用机械连接。开挖完成后尽快封闭，加强围岩的监控量测工作。若需穿越煤层时，需进行突出危险性验证，排除突出风险后，方可揭煤。揭煤时，应聘请专业煤矿救护队作为安全应急保障。

（6）人员管理

必须配置纯棉工作服,佩戴人员定位和自救器等设备。严禁烟火、手机等入内。尽量不在洞内动火,动火应审批并采取安保措施后进行。加强宣传教育,提高思想意识和防护技能。

4.3 瓦斯突出隧道施工措施

瓦斯突出隧道具有最高等级的安全风险,所造成的事故也是最具破坏力和最惨烈的。因此,瓦斯突出隧道与低瓦斯隧道、高瓦斯隧道相比,技术措施和安全管理措施更为严格。

在高瓦斯隧道施工措施的基础上,还需增加区域/局部消突措施及验证等工序,完善安全防护措施,管理更加严格等。

瓦斯突出隧道施工流程见图4-1。

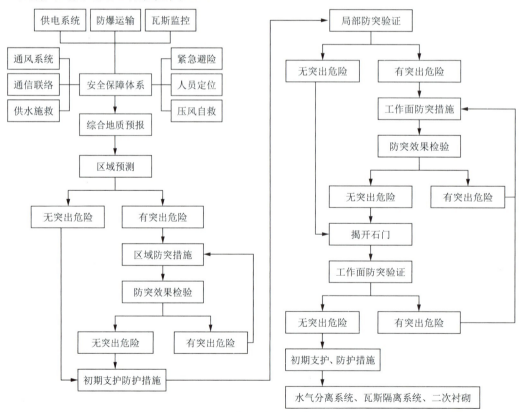

图4-1 瓦斯突出隧道施工流程图

4.4 不同等级瓦斯隧道主要措施对比

不同等级瓦斯隧道措施对比见表 4-2。

不同等级瓦斯隧道措施对比　　　　　表 4-2

瓦斯隧道等级	超前预测	瓦斯监控	通风管理	电力系统	施工设备	爆破作业	安全措施	应急措施
非瓦斯隧道	常规	无	常规	常规	常规	常规	常规	常规
低瓦斯隧道	常规+探孔	人工+自动	常规加强	常规	常规	常规	常规加强检测	常规+检测
高瓦斯隧道	常规+探孔	人工+自动	双风机双电源+局扇	矿用防爆+闭锁	防爆型	矿用器材+一炮三检+三人连锁放炮	高瓦斯隧道管理	矿山救护队
瓦斯突出隧道	常规+探孔	人工+自动	双风机双电源+局扇+独立排风	矿用防爆+闭锁	防爆型	矿用器材+一炮三检+三人连锁放炮+洞外起爆	高瓦斯隧道管理+消突措施及检验+揭煤	矿山救护队

第5章

煤与瓦斯预测预报技术

Key Technologies of Gas Tunnel Construction

Key Technologies of Gas Tunnel Construction

在瓦斯隧道的修建中,准确掌握煤系地层、煤与瓦斯的实际情况是一切工作的基础。因此,煤与瓦斯的超前预测预报工作尤为重要。

5.1 瓦斯隧道煤与瓦斯预测预报的主要内容

煤层瓦斯预报应探明煤层分布位置、煤层厚度,测定瓦斯含量、瓦斯压力、涌出量、瓦斯放散初速度、煤的坚固性系数等,判定煤的破坏类型,分析判断煤的自燃及煤尘爆炸性、煤与瓦斯突出危险性,评价隧道瓦斯严重程度及对工程的影响,提出技术措施及建议等。主要内容包括:

(1)瓦斯地层岩性预测预报。
(2)瓦斯地质构造预测预报。
(3)瓦斯涌出量及压力预报。

5.2 预测预报方法

5.2.1 地质调查

地质调查法是利用常规地质理论和作图法,根据隧道已有勘察资料、地表补充地质调查资料、洞内地质调查资料、隧道开挖工作面地质素描,通过地层层序对比、地层分界线及构造线地下和地表相关性分析、断层要素与隧道几何参数的相关性分析、地质作图和趋势分析、隧道内不良地质体临近前兆分析等,推测开挖工作面前方可能揭示的地质情况进行预测预报,如地层岩性、地质构造、不良地质及特殊地质等。地质调查法适用于各种地质条件下隧道的超前地质预报。

区域地质调查工作一般包括组队、收集资料、野外踏勘、设计编审、野外调查、资料整理、原始资料数据库建设、野外验收、图件编制、最终成果数据库(区域地质图空间数据库)建设、报告编写、成果验收、成果出版、资料归档与汇交等程序。

5.2.2 地质素描分析

现场素描,首先应对掌子面及掌子面附近开挖段进行详细观察。

首先从岩性、岩体完整性、出水量大小等方面进行大范围、前后左右对比,宏观把握地层岩性等的变化。对于地层颜色、软硬程度、节理裂隙发育状况、出水量与周围岩体发生明显差异的部位,进行重点详细观察,通过手触、锤击、采集样本详细观察查明差异的性质,分析造成差异的原因。地质素描记录以下信息:

(1)工程地质信息

①地层岩性:如描述地层时代、岩性、产状、层间结合程度、风化程度等。

②地质构造:如描述褶皱、断层、节理裂隙特征等。断层的发育位置、产状、性质、破碎带的宽度、物质成分、含水情况以及与隧道的关系;褶皱的性质、形态、地层的完整程度等;节理裂隙的组数、产状、间距、充填物、延伸长度、张开度及节理面特征,分析组合特征、判断岩体完整程度。

节理裂隙的描述首先应根据其产状特征进行分组归类,一般产状差异不大的节理应划分为一组。对于成组出现的节理,应示意性地标示在图纸上,图纸采用的节理倾角应为换算的视倾角,标注的产状为真实产状,图示节理间距应能表明其真实发育程度(即不同发育程度的节理组,在图纸上显示节理间距应不同)。对于零星发育的节理应作为随机节理描述,贯通性好、对岩体稳定性影响大的随机节理(包括岩脉)应重点描述,并按其实际出露位置标示在图纸上。

③岩溶:描述岩溶规模、形态、位置、所属地层和构造部位,充填物成分、状态,以及岩溶展布的空间关系。

④特殊地层:煤层、沥青层、含膏盐层、膨胀岩和含黄铁矿层应单独描述。

⑤人为坑洞:使用中或废弃的各种坑道和洞穴分布位置及与隧道的空间关系。

⑥地应力:包括高地应力显示性标志及其发生部位,如岩爆、软弱夹层挤出、探孔饼状岩心等现象。

⑦塌方:应记录塌方部位、方式与规模及其随时间的变化特征,并分析产生塌方的地质原因及其对继续掘进的影响。

⑧有害气体及放射性危害源存在情况。

(2)水文地质信息

出水段落及范围、出水形态及出水量大小[渗水、滴水、滴水成线、股水(涌水)、暗河]。必要时进行地表相关气象、水文观测,判断洞内涌水与地表径流、降雨的关系。

(3)影像信息

隧道内重要的和具代表性的地质现象应进行摄影或录像。

(4)分析判断

根据现场素描获得的地质信息,依据工程地质现象发生的一般规律(地质前兆),结合勘察资料、其他预报手段成果进行综合分析判断,预测预报前方工程地质条件,对于可能发生重大地质异常的地段,提出进行进一步核实预报的措施手段。

断层破碎带集中的临近前兆主要有：

①节理组数的急剧增加。临近断层破碎带时,节理组数可多达 6～12 组。

②临近断层破碎带时,出现牵引褶曲或牵引褶皱。

③临近断层破碎带时,有时会出现由弧形节理组成的小型施卷构造或反倾节理。

④临近断层破碎带时,一般岩石强度都明显降低。

⑤逆断层为主的断层破碎带附近会出现压裂岩和碎裂岩(多数情况下出现夹泥或铁锈染压裂岩、碎裂岩),平移断层为主的断层破碎带附近会出现以 11 节理为代表的节理密度明显增加。

大规模塌方的临近前兆主要有：

①顶板岩石开裂,裂缝旁有岩粉喷出或洞内无故尘土飞扬。

②支撑拱架变形或发生声响。

③拱顶岩石掉块或裂缝逐渐扩大。

④干燥围岩突然涌水等。

煤与瓦斯突出的临近前兆主要有：

①掌子面岩层发生鼓裂。

②瓦斯含量突然增大或忽高忽低。

③工作面有移动感。

④工作面发出瓦斯强涌出的嘶嘶声,同时带有煤尘。

⑤工作面附近,时常听到沉雷声或闷雷声。

（5）提交资料

地质信息应在现场根据实际情况翔实记录,并经整理后反映在规定的表格、图纸上,具体提交资料如下：

①开挖工作面地质素描记录表。

②隧道地质展视图。

③前方工程地质条件与水文地质条件的评价及进一步采取预测预报方法的建议。

5.2.3　TSP 超前地质预报

TSP 探测法属于多波多分量高分辨率地震反射法。地震波在设计的震源点(通常在隧道的左或右边墙,大约 24 个炮点)通过小剂量炸药激发产生。当地震波遇到岩石波阻抗差异界面(如断层、破碎带或岩性变化等)时,一部分地震信号被反射回来,一部分信号透射进入前方介质。反射的地震信号被高灵敏度的地震检波器接收,接收到的数据通过 TSPwin 软件处理,再经过综合分析判断,便可预测隧道工作面前方不良地质体性质(软弱带、破碎带、断层、含水等)、发育位置及发育规模。

TSPwin 软件处理流程包括 11 个主要步骤,即：数据设置→带通滤波→初值拾取→拾取处理→炮能量均衡→Q 估计→反射波提取→P-S 波分离→速度分析→深度偏移→提取反射层。通过速度分析，可以将反射信号的传播时间转换为距离（深度）。处理结果可以用与隧道轴的交角及隧道工作面的距离来确定反射层所对应的地质界面的空间位置，并根据反射波的组合特征及其动力学特征解释地质体的性质。

通过 TSPwin 软件处理，可以获得 P 波、SH 波、SV 波的时间剖面、深度偏移剖面、提取的反射层、岩石物理力学参数、各反射层能量大小等成果，以及反射层在探测范围内的 2D 或 3D 空间分布，详见图 5-1。

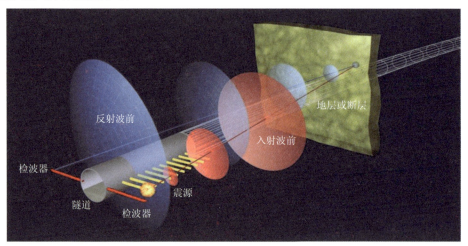

图 5-1　TSP203 原理图

(1) 数据分析

对探测段根据物性参数差异进行分段描述，数据分析应根据以下原则，并综合考虑区域地质、勘察设计资料、岩性特征、结构特征等进行综合分析：

① 反射振幅越高，反射系数和波阻抗的差别越大。

② 正反射振幅（红色）表明正的反射系数，也就是刚性岩层；负反射振幅（蓝色）指向软弱岩层。

③ 若 S 波反射比 P 波强，则表明岩层饱含水。

④ V_p/V_s 较大的增加或泊松比 δ 突然增大，常常是因流体的存在而引起。

⑤ 若 V_p 下降，则表明裂隙密度或孔隙度增加。

(2) 数据处理分析结论

综合区域地质、设计资料，已开挖段揭露地质资料等相关资料，综合分析结论。

5.2.4　超前探孔

超前地质钻探是利用钻机或其他钻孔设备对隧道开挖工作面前方进行地质信息获取的一种超前地质预报方法。其包括超前地质钻探和加深炮孔探测。

(1) 超前地质钻探适用于各种地质条件下的隧道超前地质预报，在富水软弱断层破碎带、富水溶岩发育区、煤层瓦斯发育区、重大物探异常等地质条件复杂地段必须采用。其主要采用冲击钻和回转取芯钻两种方法，两者应合理搭配使用，提高预报准确率和钻探速度，减少占用开挖工作面的时间。

（2）加深炮孔探测是利用风钻或凿岩台车等在隧道开挖面钻小孔径浅孔获取地质信息的一种方法。

超前钻探法，尤其是中、长孔探测是隧道施工中最常用和重点采用的探测煤层瓦斯和有害气体的预报方法。

钻孔根据煤层或控制范围确定，一般长度在 100m 以内，分别向不同的方向施作至少 3 个孔，开孔 ϕ86mm，孔深 10m 后以 ϕ75mm 孔径钻进，开孔 10m 后即下套管封闭孔口并安装气渣分离装置，引流钻孔瓦斯接入抽采管和钻屑装车排出地面，确保钻孔施工安全。钻孔必须穿透煤层全厚且进入底板不小于 0.5m，并详细记录岩芯资料和钻孔过程中瓦斯涌出情况。

现场钻孔布置图、钻孔照片及检测报告详见图 5-2～图 5-6。

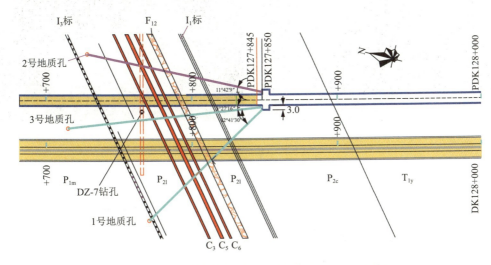

图 5-2　某隧道煤系地层超前地质钻孔示意图（C6、C5、C3 为煤层）

a)

b)

图 5-3　现场钻孔照片

a)   b)

图 5-4 钻场工作面及钻孔孔口瓦斯检测照片

a)   b)

图 5-5 现场钻孔取芯照片

a)   b)

图 5-6 地质钻孔煤样瓦斯测试报告

5.2.5 钻孔施工

(1)钻机选型及施工方法

一般常用 ZDY-1250 型煤矿用液压坑道钻机。其钻进深度可达 300m,开孔直径 115mm,终孔直径 94mm,施工倾角 -90°～+90°,钻杆直径 63mm,电机功率 37kW,满足瓦斯抽采钻孔施工的需要。

按钻孔设计的布置及钻机操作说明书实施抽采钻孔施工,钻孔开孔 5m 后即下套管封闭孔口并安装气渣分离装置,引流钻孔瓦斯和钻屑,确保钻孔施工安全。开口段 6～8m 施工钻孔直径 87mm 以安装套管,其余施工钻孔直径 75mm,钻孔完成后,立即封孔接抽。

(2)封孔

①封孔长度。

预抽瓦斯钻孔封堵必须严密,穿层钻孔的封孔段长度不得小于 5m。

②封孔方法。

穿层钻孔封孔方法选用水泥砂浆封孔,水泥砂浆采用 C40 号以上的硅酸盐水泥、砂子与水混合搅拌而成,水泥与砂子的质量比为 1∶2.4～1∶2.5,砂子颗粒直径为 0.5～1.5mm。

封孔前用水或压风将孔内残存的煤、岩屑清洗干净,然后放入套管(孔内抽采管),套管直径为 50mm,封堵长度为穿层钻孔不小于 5m。堵、套管装入钻孔后,用专用封孔泵往钻孔封孔段内送砂浆,直到封完钻孔。

(3)钻孔质量保障措施

每一钻孔施工前都必须编制施工安全措施和施工设计,以确保每个钻孔都能达到预期的效果。

①钻孔偏斜监测与纠正。

由于钻孔方向与岩层(煤层)走向斜交,容易发生偏孔而造成钻孔控制煤层范围达不到设计要求,因此钻孔方位、仰角控制尤为重要。应当做好每个钻孔施工及竣工验收记录台账。要在钻进所用力发生突变的时候加强注意,检查钻机是否发生偏移,测斜仪是否正常工作,钻杆是否垂直等。

②钻孔队伍培训。聘用熟练瓦斯抽采钻工,并组织本揭煤方案及设备操作、安全知识培训合格后方可上岗。

③打钻期间安排管理人员 24h 值班。

④保证安装和换径质量,开孔由地测人员现场定向,定期校核钻孔方位角和倾角,偏离设计时及时调整。

⑤对孔斜规律明显的地层或岩层倾角较大、钻孔轴线无法与之垂直相交的地层,应充分利用造斜地层的自然偏斜规律,辅以人工控制偏斜措施。

5.3 煤与瓦斯相关参数测试

探孔除可以对煤系地层进行超前探测，并分析获取最准确的地质、煤层资料外，还可以通过钻取煤样，经相关试验，获取煤与瓦斯相关参数，作为突出危险性评价的直接依据。

5.3.1 瓦斯含量和压力测定方法

瓦斯压力和含量测定是瓦斯治理的需要，瓦斯压力与含量的测定结果直接涉及隧道通风设计、瓦斯涌出量预测、瓦斯突出防治及瓦斯抽采的定性问题，是煤与瓦斯预测预报施工中的一项重要指标。

（1）瓦斯含量测定

瓦斯含量测定方法分为直接测定法和间接法两种，其中直接法又分为地勘测定法和井下测定法，地勘法主要有解析法、密闭法和集气法（地表或试验室检测）；井下法主要指钻屑解吸法（地下现场检测），详见图 5-7。

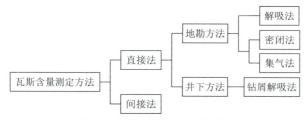

图 5-7 瓦斯含量测定方法分解图

① 地勘解吸法

国际上现在普遍采用地勘解吸法来测定煤层瓦斯含量，并建立了相关的测定标准，地勘解吸法操作步骤如下：

a. 采样：用普通岩芯管采取煤芯（煤样），当煤芯（煤样）提升至地表之后选取 300～400g 立即装入密封罐中，在采样过程中，注意记录开始提芯、煤芯提至地表和装罐前在空气中暴露的时间。

b. 瓦斯解吸量测定：煤样装入密封罐后，先将穿刺针头插入罐盖上的胶垫圈，再拧紧罐盖，并通过针头将密封罐与解吸仪连接，开始测量煤样解吸瓦斯量随时间的变化。测量 2h 后，得出累计瓦斯解吸体积 V_1，然后取出针头，将密封罐送至试验室，进行脱气和气体分析。

c. 损失瓦斯量推算：煤样在最初暴露的一段时间内，累计解吸瓦斯量与煤样解吸时间的平方根成正比，即：$Q_{损} = k\sqrt{t}$。

d. 残存瓦斯量实验室测定：经解吸测定的煤样，在密封状态下加热（95℃）真空脱气，确

定 V_3,再粉碎后脱气,确定 V_4,气体组分分析,煤样称重并进行工业分析。

地勘解吸法操作示意图及测定装备如图 5-8 所示。

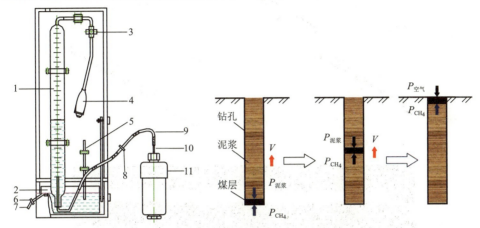

图 5-8　我国地勘瓦斯含量测定装备图

1- 量管；2- 水槽；3- 螺旋夹；4- 吸气球；5- 温度计；6、8- 弹簧夹；7、9- 排水管；10- 穿刺针头；11- 密封罐

e. 地勘瓦斯含量可靠性评价：

煤样灰分含量不得超过 40%；

煤样现场瓦斯解吸测定后,必须密封装罐,脱气前不漏气；

煤样质量不得少于 250g；

瓦斯带中的测定煤样甲烷成分不低于 80%；

同一钻孔同一煤层有两个或两个以上的瓦斯含量测值,且均满足条件时,按最大值确定煤层瓦斯含量。

②钻屑解吸法

钻屑解吸法操作示意图及测定装备如图 5-9～图 5-12 所示。

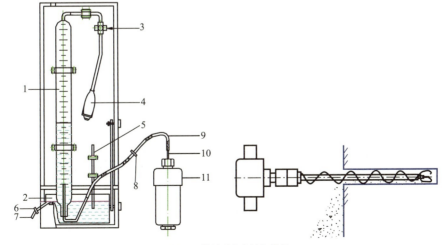

图 5-9　钻屑采集方法与器具

1- 量管；2- 水槽；3- 螺旋夹；4- 吸气球；5- 温度计；6、8- 弹簧夹；7、9- 排水管；10- 穿刺针头；11- 密封罐

图 5-10　Ⅰ型定点取样器

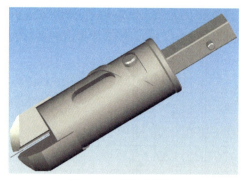
图 5-11　Ⅱ型定点取样器

图 5-12　Ⅲ型定点取样器

要求：钻屑采自原始煤体，孔深超过 10m。

测定步骤如下：

a. 采样：孔口取样，粒度为 1～3mm，煤样 100～200g。

b. 煤样瓦斯解吸量测定。

c. 取样过程中的瓦斯解吸量推算。

d. 煤样残存瓦斯量测定。

e. 瓦斯含量计算。

原理：与地勘解吸法类似。

与地勘解吸法的区别：损失瓦斯量推算方法不同。

取样损失量推算公式如下：

$$q_t = q_{oe} - kt \qquad Q_2 = -\frac{r_0}{k}[e^{-kt_1} - 1] \tag{5-1}$$

缺点：无法定点取样；要推算取样损失量、测定残存瓦斯量，测定周期长。

③间接法

间接法主要采用朗格缪尔方法，需对瓦斯压力、吸附常数以及工业分析和孔隙率进行测定，如图 5-13 所示，公式计算如下：

$$X = \frac{abP}{1+bP} \cdot \frac{100 - A_d - M_{ad}}{100} \cdot \frac{1}{1 + 0.31 M_{ad}} + \frac{10KP}{\gamma} \tag{5-2}$$

缺点：需测参数多，周期长。

（2）瓦斯压力测定

煤层原始瓦斯压力：当煤层未受采动影响而处于原始赋存状态时，煤中平衡瓦斯压力称之为煤层原始瓦斯压力，单位为 MPa（兆帕）。

煤层残存瓦斯压力：当煤层受采动影响涌出一部分瓦斯后，煤层中残留瓦斯的压力大小称之为煤层残存瓦斯压力，单位为 MPa。瓦斯压力测定如图 5-14 所示。

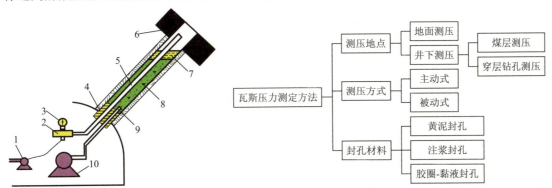

图 5-13　朗格缪尔法测定示意图　　　　　图 5-14　瓦斯压力测定方法分解图

1- 注液泵；2- 三通；3- 压力表；4- 木楔；5- 测压管；
6- 煤层；7- 黏液；8- 水泥；9- 注浆管；10- 注浆泵

①测压地点选择

同一地点应打两个测压钻孔，钻孔口距离应在其相互影响范围外，其见煤点的距离除石门测压外应不小于 20m；除在煤巷中测定本煤层瓦斯压力外，测定地点应选择在石门或岩巷中；钻孔应避开地质构造裂隙带、巷道的卸压圈和采动影响范围；测定煤层原始瓦斯压力的见煤点应避开地质构造裂隙带、巷道、采动及抽放等的影响范围。

选择瓦斯压力测定地点应保证有足够的封孔深度；瓦斯压力测定地点宜选择在进风系统，行人少且便于安设保护栅栏的地方。

②测定方法的选择

测压处岩石坚硬、少裂隙，可采用黄泥、水泥封孔测压法。

在松软岩层及煤巷中测定煤层的瓦斯压力时，钻孔长度 ≤ 15m 时应采用胶囊—密封黏液封孔测压法；钻孔长度 > 15m 时应采用注浆封孔测压法。

竖井揭煤可采用注浆封孔测压法。测定邻近煤层的瓦斯压力或煤层群分层测压应采用注浆封孔测压法。测压时间充足时，宜采用被动测压法。测压时间紧迫时，应采用主动测压法。

③封孔深度

a. 封孔深度应超过钻孔施工地点巷道的影响范围，并满足以下要求：黄泥、水泥封孔测压法的封孔深度应不小于 5m；胶囊—黏液封孔测定本煤层瓦斯压力的封孔深度应不小于 10m；注浆封孔测压法的封孔深度不小于 12m，煤层群分层测压时则应封堵至被测煤层在钻孔侧的顶板或底板。

b. 应尽可能加长测压钻孔的封孔深度。

c. 本煤层测压孔封孔应保证其测压气室长不小于 1.5m，穿层测压孔的封孔不宜超过被测煤层在钻孔侧的顶板或底板。

d. 井下钻孔测压封孔方式：

黄泥（石膏）封孔法的适用条件：封孔长度不能太长，一般为 10m；测压处岩石坚硬、少裂隙；穿层钻孔测压。具体如图 5-15 所示。

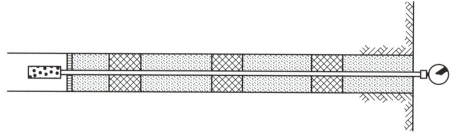

图 5-15　黄泥（石膏）封孔测压示意图

注浆封孔法适用条件：松软岩层或煤巷测压；煤层群分层测压；穿层钻孔测压；用于煤层孔测压时，煤层倾角应该大于 10°；钻孔长度 ≥ 15m，如图 5-16 所示。

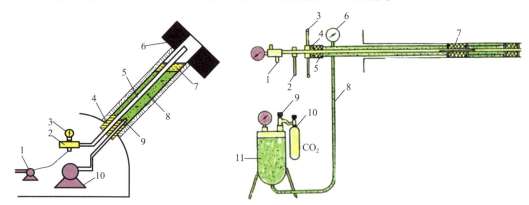

图 5-16　注浆封孔法测压示意图胶圈黏液封孔

1- 量管；2- 水槽；3- 螺旋夹；4- 吸气球；5- 温度计；6、8- 弹簧夹；7- 排水管；9- 排水管；10- 穿刺针头；11- 密封罐

胶圈黏液封孔测压法适用条件：松软岩层穿层钻孔测压或煤巷测压；钻孔长度 ≤ 15m。

e. 钻孔测压操作程序如下：

当钻孔即将见煤时应停止钻进，通知测压人员，待其到达现场后，恢复钻进，穿透煤层，并清洗钻孔。排除孔中积水和岩屑。

测压人员要及时组装测压器，尽快封闭测压孔。封孔器的安装长度视深度而定，一般应尽可能靠近煤层。前端胶圈距煤层 1～1.5m 为宜。装配时在所有胶圈处的内管外壁上抹上黄油，以减少胶圈移动时的摩擦力，为了保证内外管不漏气，在其接口处要缠上适量的生料带。

当封孔器的封孔段送到预定位置时，转动加压手轮，使两组胶圈受压膨胀，当感到胶圈膨胀与孔壁接触紧密后停止加压。

在孔口打上防滑楔，以策安全。

连接注液罐，并将预先准备好的黏液倒入罐中，封闭罐口，检查系统无误后，打开黏液罐上的注气阀门，加以 1.0MPa 的压力，将黏液压入钻孔封孔段。然后关闭阀门，再次向罐中补充黏液，补液后打开阀门加压，并使注液罐中的压力在整个测压过程中始终略高于预计的煤层压力。

安装压力表。安装时要仔细检查压力表密封垫圈是否合格,为可靠起见,最好也缠绕适量的生料带。

为缩短测压时间,可向测压室内注入适量的气体(CO_2 或 N_2),注气压力大致控制在预计的瓦斯压力值左右。

封孔完毕后要用肥皂水检查整个系统接口处有无渗漏现象,若有渗漏要及时处理。

测压孔为下向孔时,封孔完毕后要将孔口盖住,以防掉入孔内杂物,造成测压器回收困难。

在整个测压过程中,每天要观察记录各压力表的数据,并根据情况向测压室补气,若发现有异常情况要及时处理。

如果瓦斯压力连续 3d 无变化,则可认为这个稳定压力就是煤层瓦斯压力值。

5.3.2　危险性评价

综合各种预测预报手段的成果,通过对煤层或地层的探测,可得到地质条件、煤层产状、厚度、瓦斯压力、瓦斯含量、煤的坚固性系数、放散初速度等相关参数,以及钻探过程中的异常情况,如动力现象、钻屑变化、钻进速度等。可以根据瓦斯隧道分级标准进行科学合理的评价分级,确定其防护等级以及所需采取的技术手段和管理措施。

由于煤系地层及煤与瓦斯的情况复杂,技术要求高,并有一定的安全风险。因此,建议由专业的单位和班组实施,确保预测预报的准确性。

第 6 章

瓦斯防突技术

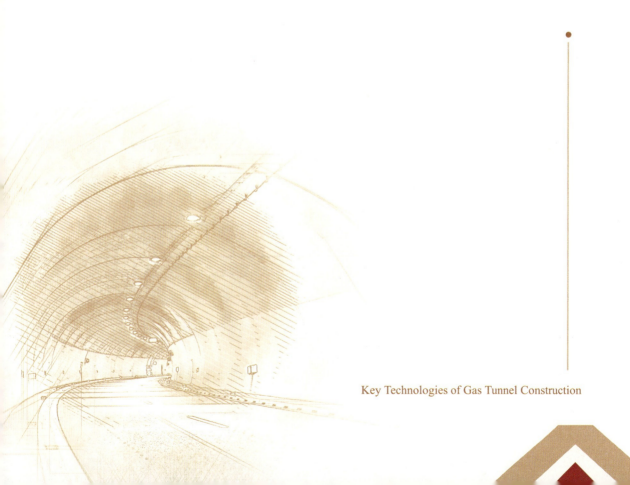

Key Technologies of Gas Tunnel Construction

Key Technologies of Gas Tunnel Construction

通过预测预报及科学评估,当隧道具有煤与瓦斯突出风险时,必须采取相应的防突措施,消除突出风险后方可继续施工。防突施工又可分为区域防突和工作面防突。

6.1 区域防突措施

根据《铁路瓦斯隧道技术规范》(TB 10120—2002)要求,经预测有煤与瓦斯突出危险时,施工单位应在揭煤前制定包括技术、组织、安全、通风、抢险、救护等技术组织措施,并明确指出防治煤与瓦斯突出宜采用钻孔排放。根据《煤矿安全规程》《防治煤与瓦斯突出规定》要求瓦斯坚持源头治理,以治本为主、标本兼治的原则。主要依靠开采保护层、大面积预抽煤层瓦斯等区域防突措施,大幅度降低煤层的瓦斯含量和地应力,从根本上达到防治煤与瓦斯突出的目的。我国煤矿瓦斯抽采主要技术方向应井下和地面抽采相结合,预抽和采动卸压抽采相结合。

6.1.1 区域防突的方式

目前,比较常见的区域防突技术主要有自然排放、钻孔抽排、水力压裂、水力冲孔等。但以钻孔抽排最为常用。

(1)自然排放是通过施作瓦斯排放孔,靠瓦斯自然溢出后,通过通风系统稀释并随风流带出隧道外排放的一种较为简单经济的方式,但效率较低,同时无法准确控制排放效果。适用于瓦斯较少,透气性系数较好,工期较为宽裕的低瓦斯隧道施工。一般要求在控制范围(隧道轮廓线外 8~12m)内,排放孔穿透煤层底板并超出 0.5m,孔底间距不大于 2m,孔径不小于 78mm。

(2)抽排是在施作抽排孔后,利用瓦斯抽排设备形成负压,通过管道将地层内的瓦斯抽出隧道外排放的消突技术。具有效率高,抽排效果可控,工期相对较短的优点。但是投入较大。适用于高瓦斯或瓦斯突出隧道施工。在防突规定中被列为优先选择的措施。一般要求在控制范围(隧道轮廓线外 8~12m)内,排放孔穿透煤层底板并超出 0.5m,孔底间距不大于 4m,孔径不小于 78mm。

(3)水力压裂。

当瓦斯封闭条件较好,煤层透气性较差时,可采用水力压裂技术。

水力压裂是采用矿用高压泵组将高压水(压裂液)通过预先打好的压裂孔注入煤(岩)

体内的裂隙（原有裂隙和压裂后产生的裂隙），克服最小主应力和煤体的抗裂压力，扩宽伸展并贯通这些裂隙。增加煤（岩）层相互贯通裂隙的数量和单一裂隙面的张开程度，进而增加更多的人为裂隙，增加煤（岩）体的透气性能。同时通过水的冲洗、挤压，加快瓦斯的解析和释放。

渝黔铁路新凉风垭隧道首次在大断面瓦斯突出隧道揭煤施工中应用了水力压裂增透技术，有效增加了煤层的透气性，提高了抽排效率。经统计分析，抽采时间缩短了47%，钻孔工程量减少了42.8%，取得了良好的效果。

单纯的高压水力压裂技术作为区域防突措施也存在很大的缺陷。一是水力压裂技术的压裂区域不能人为控制，无法预知水力压裂的影响区域的准确范围；二是在使压裂区域产生卸压的同时，由于煤体的水平位移，会在压裂影响区域之外形成应力升高区或者应力集中区，防突存在盲目性；三是可能会破坏隧道围岩结构，影响隧道结构稳定和安全。

（4）水力冲孔。

水力冲孔是钻孔至煤层内，然后用水力冲刷钻孔，冲出大量煤体，扩大钻孔直径，使周围煤体在应力作用下发生膨胀变形，起到局部泄压，提高透气性和抽排效率的作用。水力冲孔适用于埋深大、地应力大、煤层松软、透气性差、瓦斯含量高、压力大的煤层。

但是，在瓦斯隧道施工中，水力冲孔也存在着和水力压裂类似的缺陷。

6.1.2 钻孔抽排施工

煤层瓦斯消突措施有地表钻孔抽采、井下钻孔自然排放和预抽排方式，为达到根治瓦斯突出危险的目的，变高瓦斯突出危险煤层为低瓦斯无突出危险煤层，同时考虑隧道施工工期紧、任务重，经综合比选并借鉴煤矿防突治理措施采取瓦斯预抽采的区域防突措施。本节以某铁路瓦斯突出隧道区域防突施工为例，介绍相关技术。

某铁路瓦斯隧道平导和正洞分别穿越龙潭组煤系地层，共有3～22层煤。煤层最薄为10cm，最厚可达3m，其中对隧道影响较大的为C3、C5、C6煤层。

根据隧道设计文件显示，C3、C5、C6各煤层煤质为焦煤，厚度分别为2.6m、2.45m、1.33m，走向N42°-E，倾向南，倾角70°。煤层走向与隧道交角54°。详见表6-1。

某隧道各煤层里程及概况　　　　　　　　　　　　　　　表6-1

序号	项目		C3煤层	C5煤层	C6煤层
1	煤层倾角		65.8°	65.8°	65.8°
2	与隧道交角		54°	54°	54°
3	左侧线路中线相交位置		DK127+755.6	DK127+777.5	DK127+787.3
4	煤层地质时代		P2l	P2l	P2l
5	煤层厚度（m）	真厚	2.6	2.45	1.33
6		穿煤厚度	3.53	3.32	1.8
7	煤质		焦煤	焦煤	焦煤

续上表

序号	项目		C3 煤层	C5 煤层	C6 煤层
8	煤层间距（m）	垂直间距	16.45	16.45～6.44	6.44
9		穿煤间距	17.72	17.72～7.96	7.96
10	煤层产状	煤层倾角	70°	70°	70°
11		煤层走向	N42-E	N42-E	N42-E
12	煤层特征		黑色，少量灰黑色、钢灰色，玻璃—弱玻璃光泽，柱状、块状、粉粒状，中—细条带结构，棱角状断口，部分为平坦状或参差状，坚硬、性脆，煤质为中灰、中硫至高硫、高发热量无烟煤。C3 煤质指标：灰分 17.25%～19.5%，挥发分 12.7%～13.86%，硫分 1.75%～1.97%，发热量 26.34MJ/kg；C5 煤质指标：灰分 22.3%～24.54%，挥发分 13.2%～15.52%，硫分 1.9%～2.92%，发热量 24.38MJ/kg，水分 2.7%，硫分 4.55%，磷 0.049%，属高硫煤		
13	顶底板岩层状况		黏土岩、砂岩、硅质岩、灰岩，夹多层菱铁矿。发育 F12 断层，断层带内岩体破碎，呈碎石角砾		

根据设计阶段煤与瓦斯参数测试成果（表 6-2）显示，煤层瓦斯压力 ≥ 0.74MPa，根据《防突规定》达到 3.75MPa，鉴定为瓦斯突出煤层，应当按瓦斯突出隧道进行管理。

某隧道煤与瓦斯参数测试成果　　　　表 6-2

参数	瓦斯突出临界值	隧道瓦斯等级	备注
瓦斯压力 P（MPa）	≥ 0.74	3.75	突出
瓦斯放散初速度 ΔP	≥ 10	5.059	
煤的坚固系数 f	≤ 0.5	1.5	
煤的破坏类型	Ⅲ 及以上	Ⅳ（粉碎煤）	

1）危险性预测

根据地质超前探孔及抽排孔的施工，在掌子面施工地质超前钻孔，全程取芯，对地质进行补充探测，并根据钻探成果，对瓦斯抽排施工相关参数进行修正完善。相关参数详见图 6-1、表 6-3、表 6-4。

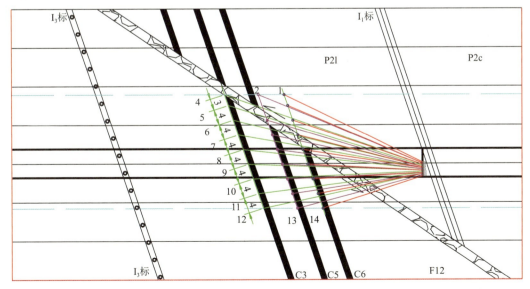

图 6-1

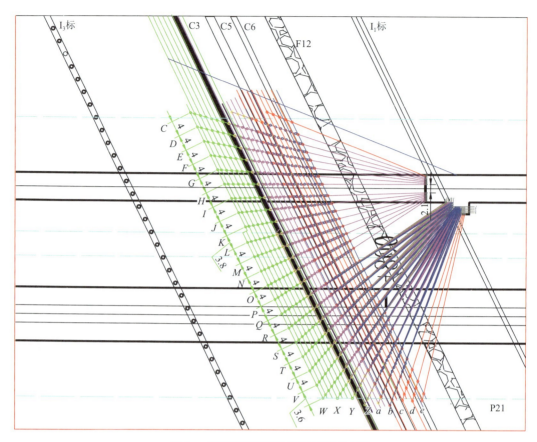

图 6-1 某铁路隧道煤系地层及抽排孔示意图

某隧道各煤层基本情况   表 6-3

序号	项目		C3 煤层		C5 煤层		C6 煤层	
			设计	钻探	设计	钻探	设计	钻探
1	与隧道交角（°）		54.00	64.00	54.00	64.00	54.00	64.00
2	线路中线相交位置		PDK127+755.6	PDK127+765.8	PDK127+777.5	PDK127+775.1	PDK127+787.3	PDK127+780.7
3	煤层厚度 (m)	真厚	2.60	2.09	2.45	2.42	1.33	0.97
4		穿煤厚度	2.77	2.19	2.61	2.53	1.42	1.01
5	煤质		焦煤		焦煤		焦煤	
6	煤层间距 (m)	垂直间距	8.03				6.12	
7		穿煤间距	8.40				6.40	
8	煤层产状 (°)	煤层倾角	70	73	70	73	70	73
9		煤层走向	N42-E	N50-E	N42-E	N50-E	N42-E	N50-E
10	煤层顶板		灰岩	泥岩	灰岩	泥岩	灰岩	泥岩
11	煤层底板		泥岩	砂质泥岩	泥岩	泥岩	泥岩	泥岩
12	煤层瓦斯含量（m^3/t）		13.9131		9.8724		11.4744	
13	煤层瓦斯压力（MPa）		1.342		1.112		1.036	

某隧道揭煤区瓦斯参数 表 6-4

序 号	煤 样	煤层瓦斯含量（m³/t）	煤层瓦斯压力（MPa）
1	C6 煤样	11.4744	1.036
2	C5 煤样	9.8724	1.112
3	C3 煤样	13.9131	1.342

按照《防治煤与瓦斯突出规定》标准，判定该隧道各煤层均为突出煤层，该揭煤区域为突出危险区。[区域预测一般根据煤层瓦斯参数，并结合瓦斯地质分析的方法进行。若瓦斯压力（P）≥0.74MPa，或瓦斯含量（W）≥8m³/t，预测为有突出危险。]

2）煤层储量计算

根据《煤炭储量计算标准》《煤泥炭地质勘探规范》对该段煤层煤储量进行计算。

按照实际钻孔竣工图，根据各煤层体量并按抽放钻孔实际控制范围及需要补钻范围计算煤层储量，揭煤区总煤炭储量为 74023.58t，详见表 6-5。

揭煤区域煤层储量计算 表 6-5

序号	煤层	计算块段	立面积（m²）		倾角（°）	斜面积（m²）		煤厚（m）	重度（t/m³）	储量（t）		合计
			平导	正洞		平导	正洞			平导	正洞	
1	C6	1	1279.64	1314.99	73	3920.66	4028.97	0.97	1.47	5590.47	5744.90	11335.37
2		2	30.81		73	94.40		0.97	1.47	134.60		134.60
3		3	31.09		73	95.26		0.97	1.47	135.83		135.83
4	小计		1341.54							5860.90	5744.90	11605.80
5	C5	1	1405.04	1194.80	73	4304.87	3660.72	2.42	1.87	19481.26	16566.22	36047.48
6		2	44.67		73	136.86		2.42	1.87	619.36		619.36
7		3	29.80		73	91.30		2.42	1.87	413.18		413.18
8	小计		1479.51							20513.80	16566.22	37080.03
9	C3	1	1668.46	1004.22	73	5111.96	3076.81	2.09	1.42	15171.26	9131.35	24302.61
10		2	64.62		73	197.99		2.09	1.42	587.59		587.59
11		3	49.22		73	150.80		2.09	1.42	447.56		447.56
12	小计		1782.30							16206.41	9131.35	25337.75
	合计									42581.11	31442.47	74023.58

3）区域瓦斯总量测算

平导瓦斯抽采范围为平导揭煤区域防突措施孔控制范围，各煤层瓦斯含量为实测资料，C6、C5、C3 煤层的原始瓦斯含量分别为 11.4744m³/t、9.8724m³/t、13.9131m³/t。

原始瓦斯储量 $W_k=W_1+W_2+W_3=1176197.52$m³，具体计算如下：

式中：W_k——矿井瓦斯储量，m³；

W_1——可采煤层的瓦斯储量总和，m³；

$$W_1=\sum_{i=1}^{n}A_{1i}\times X_{1i} \tag{6-1}$$

A_{1i}——矿井每一个可采煤层的煤炭储量，平导揭煤区域煤层储量估算为：

$$A_{1i}=S\div\sin\alpha\times d\times h \tag{6-2}$$

S——隧道揭煤区域防突范围立面图面积；

d——比重；

h——煤层厚度；

α——煤层倾角；

n——矿井可采煤层数；即 C6、C5、C3；

X_{1i}——每一个可采煤层的瓦斯含量。

W_2——可采煤层采动影响范围内的不可采邻近煤层的瓦斯储量总和，m^3；

$$W_2=\sum_{i=1}^{n} A_{2i} \times X_{2i}=43970.8223（m^3）\qquad(6-3)$$

A_{2i}——可采煤层采动影响范围内每一个不可采煤层的煤炭储量；

X_{2i}——可采煤层采动影响范围内的不可采煤层的瓦斯含量，m^3/t；

n——矿井可采煤层采动影响范围内的不可采煤层数；

W_3——围岩瓦斯储量，按下式计算：

$$W_3=K(W_1+W_2)\qquad(6-4)$$

K——围岩瓦斯储量系数，取 $K=0.1$。

带入相关数据计算，结果见表6-6。

瓦斯储量计算 表6-6

序号	煤层	煤炭储量（t）		瓦斯含量（m^3/t）	瓦斯储量（m^3）		
		平导	正洞		平导	正洞	合计
W_1	C6	5860.90	5744.90	11.47	67250.26	65919.33	133169.60
	C5	20513.80	16566.22	9.87	202520.47	163548.38	366068.85
	C3	16206.41	9131.35	13.91	225481.36	127045.33	352526.69
	小计	42581.11	31442.47		495252.10	356513.04	851765.14
W_2		10645.28	7860.62	11.75	125117.13	92388.21	217505.33
W_3					62036.92	44890.12	106927.05
	合计				682406.15	493791.37	1176197.52

该区域瓦斯储量为 1176197.52m^3。

4）瓦斯抽采量确定

按照将煤层瓦斯含量降到 8m^3/t 以下作为控制指标，进行测算。C6、C5、C3 煤层原煤瓦斯含量分别为 11.4744m^3/t、9.8724m^3/t、13.9131m^3/t。为将瓦斯含量降到 8m^3/t 以下进行计算。

抽采量 = 达标所需降低瓦斯含量 × 抽采区域煤储量，计算见表6-7。

瓦斯抽采量计算 表6-7

煤层	煤炭储量（t）		瓦斯含量（m^3/t）	达标含量（m^3/t）	抽出量（m^3/t）	抽采总量（m^3）		
	平导	正洞				平导	正洞	合计
C6	5860.90	5744.90	11.4744	8	3.4744	20363.10	19960.10	40323.19
C5	20513.80	16566.22	9.8724	8	1.8724	38410.05	31018.60	69428.64
C3	16206.41	9131.35	13.9131	8	5.9131	95830.11	53994.56	149824.67
合计	42581.11	31442.47				154603.25	104973.25	259576.5

该区域共需抽采259576.5m³。才能消除突出危险。

5）瓦斯抽排相关参数设定

（1）揭煤区域煤炭储量

按照《防突规定》和揭煤方案及实际钻孔，编制完成C6、C5、C3煤层储量图，按平导抽放钻孔控制范围及补钻范围计算，揭煤区总煤炭储量为74023.58t。

（2）瓦斯储量

根据揭煤区总煤炭储量及各煤层瓦斯含量，推算该区域瓦斯储量为1176197.52m³，其中平导部分为682406.15m³，正洞部分为493791.37m³。

（3）瓦斯抽排率

按照将煤层瓦斯含量降到8m³/t以下作为控制指标，进行测算。C6、C5、C3煤层原煤瓦斯含量分别为11.4744m³/t、9.8724m³/t、13.9131m³/t。为将瓦斯含量降到8m³/t以下进行计算。该区域共需抽采259576.5m³，抽采率30.48%。其中平导部分需抽排154603.25m³才能消除突出危险。

（4）钻孔瓦斯流量衰减系数

钻孔瓦斯流量随着时间延续呈衰减变化关系的系数，可作为评估开采层预抽瓦斯难易程度的一个指标。见表6-8。

煤层瓦斯抽放难易程度 表6-8

类别	钻孔流量衰减系数 d^{-1}	煤层透气性系数 $m^2/(MPa^2·d)$
容易抽数	<0.003	>10
可以抽放	0.003～0.05	10～0.1
较难抽放	>0.05	<0.1

测算方法：选择具有代表性的地区打钻孔，先测其初始瓦斯流量 q_0，经过时间 t 后，再测其瓦斯流量 q_t，然后以下式计算之：

$$q_t = q_0 e^{-a} \quad (6-5)$$

式中：a——钻孔瓦斯流量衰减系数，a^{-1}；

q_0——钻孔初始瓦斯流量，m³/min；

q_t——经时间 t 后的钻孔瓦斯流量，m³/min；

t——时间，d。

$$q_t = 0.31/214 = 0.003283（m³/min）$$

$$q_0 = 0.71/214 = 0.003310（m³/min）$$

$$a = -(\ln 0.003283 - \ln 0.003310) = -(-5.71899 + 5.71080) = 0.00819$$

本区域属于可以抽采煤层。

（5）瓦斯实际抽采量统计

瓦斯实际抽采量：平导进行防突措施效果检验前，人工监测瓦斯抽采量为152411m³，完成设计抽采量的98.6%；自动计量系统监测瓦斯抽采量为171637m³，完成设计抽采量的111%。

6.1.3 瓦斯抽采施工

1）瓦斯抽排钻孔设计方案

抽排范围：开挖顶面以上部分为轮廓线外 16m，底板面以下 8m。

排放孔直径：79mm。

终孔间距：小于 4m。

钻孔数量：平导部分 214 个孔，正洞部分 257 个孔，合计钻孔 470 个。

钻孔布置见图 6-2。

2）资源配置

钻孔设备：1250 液压钻机 3 台。

施工人员：管理人员 3 人，安全员 3 人，技术员 3 人，煤矿钻工 16 人。施工现场见图 6-3、图 6-4。

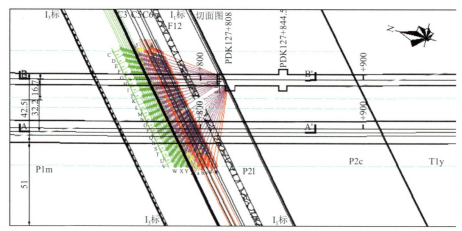

a）正洞洞底水平示意图

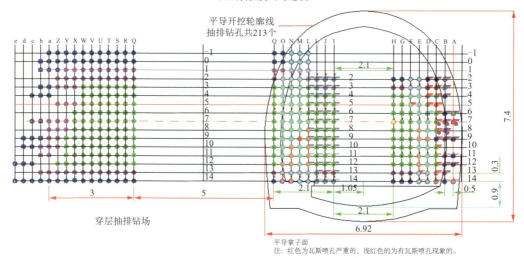

b）平导抽排钻孔总体布置示意图

图 6-2

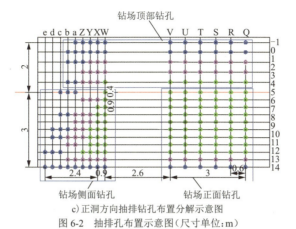

c) 正洞方向抽排钻孔布置分解示意图

图 6-2 抽排孔布置示意图（尺寸单位：m）

a)

b)

图 6-3 瓦斯抽排钻孔现场布孔及钻孔图（左为平导，右为正洞方向）

a)

b)

c)

d)

图 6-4 瓦斯抽放设备投入使用情况图

3）抽排钻孔施工情况

平导瓦斯抽采钻孔于 2014 年 6 月根据审批的揭煤方案完成了瓦斯抽采的施工设计，2014 年 7 月 7 日正式开始瓦斯抽排钻孔的施工，8 月 17 日完工，共完成 214 个瓦斯抽采孔施工、总工程量 15819m。

该隧道平导抽采钻孔于 8 月 19 日，完成封孔及接抽管路、抽采设备检修等工作，并进行试抽采，经过调试 8 月 21 日开始进入稳定抽采。抽采泵采用 2BEC-40、75kW、2 台，1 台使用，1 台备用，抽放主管采用 ϕ150mm 无缝钢管、汇流管采用 ϕ80mm、接抽软管采用 ϕ50mm 双抗软管、封孔管采用 ϕ50mm 双抗硬管。

抽采负压：泵房 55kPa、井口 50kPa、汇流管 31kPa、孔口负压 25kPa。瓦斯抽采量截至 11 月 1 日，抽采 73d，瓦斯抽采总量 152411m^3。

6.1.4　消突效果评价

1）消突效果评价原则

（1）根据《防突规定》，对预抽煤层瓦斯区域防突措施进行检验时，均应首先分析、检查预抽区域内钻孔的分布等是否符合设计要求，不符合设计要求的，不予检验。

（2）根据瓦斯预抽的抽采指标，瓦斯抽采总量达到原煤瓦斯含量的 22.07%。

上述 2 项工作符合要求后，实施效果检验，检验地点为区域性防突措施的实施地点，即平导 PDK127 + 800 处掌子面及布置钻场。

2）消突效果评价分析

自动监控瓦斯抽采量：采用自动监控系统统计，截至 2014 年 11 月 1 日，瓦斯抽采总量 187534 m^3，占平导部分计算总量 154603.25m^3 的 121.3%。

人工检测瓦斯抽采量：采用人工检测计算统计，截至 2014 年 11 月 1 日，瓦斯抽采总量 152439 m^3，占平导部分计算总量 154603.25m^3 的 98.6%。

瓦斯抽采情况见图 6-5 及表 6-9。

a)　　　　　　　　　　　　　　　　　　b)

图 6-5　主管路瓦斯测量支管路瓦斯测量图

瓦斯抽排记录表（人工检测）　　　　　　　　　　　表 6-9

时间		主管1(m³)	主管2(m³)	主管3(m³)	支管合计(m³)	平均(m³)
月	日					
8	22	1275.2	1277.8	1197.56	1180.78	1233
8	27	8984.784	9344.401	9391.545	9624.467	9336
8	30	23939.81	25281.45	25078.97	26461.5	25190
9	4	34143.21	36694.2	35882.32	36736.4	35864
9	8	43824.1	46315.38	46032.86	46733.54	45726
9	11	48344.94	50382.04	50675.09	49514.27	49729
9	13	52316.96	55144.29	55847.82	56242.41	54888
9	16	59895	62660.92	66720.43	66927.3	64051
9	19	64884.96	71350.5	72292.86	71127.15	69914
9	22	77480.12	84060.72	84780.58	85103.02	82856
9	25	82424.48	89080.06	88638.91	92127.15	88068
9	28	86844.72	92470.38	89815.53	94502.38	90908
10	1	90273.69	95508.75	92243.13	97261.06	93822
10	4	93270.21	98233.93	94675.22	99455.33	96409
10	7	97323.62	101801.9	95347.7	99233.88	98427
10	10	103616.6	107226.9	99637.65	104244.3	103681
10	13	107217	110277.8	102630.5	104942.6	106267
10	17	115975.1	119141.7	110772.9	111562.2	114363
10	22	140196.3	141843.9	131415.5	129044.5	135625
10	25	147183.1	147277.2	135642.7	132052.5	140539
10	27	151996.2	151018.0	138640.8	134247.1	143976
10	29	156348.4	154675.1	141581.9	136457.5	147266
11	1	162775.6	159800.4	145902.6	139774.1	152063

人工检测通过管内浓度和流量的测量计算出抽排量，与自动监控系统相互验证。为了确保施工安全，以测量数据小的为准。

随着瓦斯抽采量的不断增加，为验证抽采效果，于10月10日～17日，在平导线路中线靠左侧位置打设取芯钻孔取煤样进行预验证，本次检测C6、C5、C3煤层瓦斯含量试验结果分别为：$5.5115m^3/t$、$5.7305m^3/t$、$4.4398m^3/t$。已低于标准要求的$8m^3/t$的判定值，检测数据见图6-6。

由于取样部位和频次的原因，该次预验证不能作为已消突的依据，但也说明抽采已经取得一定的效果，好于预期。

3）检测钻孔布置位置及数量

（1）区域防突措施效果检验孔布置

效果检验钻孔分别位于平导和正洞的防突措施预抽范围上部、中部和两侧，并且至少有1个检验测试点位于要求预抽区域内距边缘不大于2m的范围；各检验测试点应布置于所在部位钻孔密度较小、孔间距较大、预抽时间较短的位置，并尽可能远离测试点周围的各预抽钻孔或尽可能与周围预抽钻孔保持等距离。根据超前钻孔和抽采钻孔施工揭露情况，在地质构造复杂区域适当增加检验测试点。钻孔位置应根据探明的地质构造情况调整施工参数或增加钻孔。

图 6-6 预验证试验报告

为此,平导和正洞区域防突措施效果检验孔在防突预抽范围内分别在 C3 煤层布置 15 个检验孔(该检验孔穿过 C5、C6 煤层);C5 煤层盲区部位增补 6 个孔,共计 21 个孔(该检验孔穿过 C6 煤层);C6 煤层盲区部位增补 3 个孔,共计钻孔 24 个。钻孔工程量根据煤层的实际位置确定,开孔直径 86mm,终孔直径 75mm。

钻孔布置详见图 6-7。

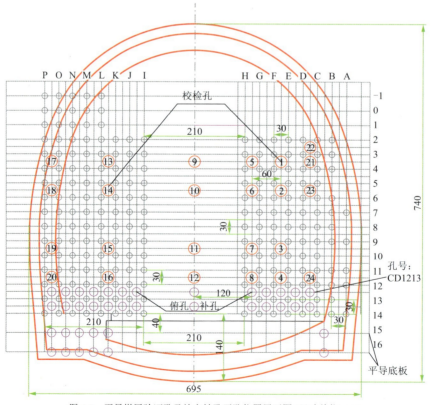

图 6-7 平导煤层验证孔及补充钻孔开孔位置展开图(尺寸单位:cm)

每个孔均穿过的突出煤层,分别取煤样,取样方法与区域预测相同,并测定各突出煤层残余瓦斯含量。

(2)区域防突措施效果检验

对于 24 个验证孔,其中 C6 煤层 24 个煤样、C5 煤层 21 个煤样、C3 煤层 15 个煤样,全部煤样的残余瓦斯含量均小于 8m³/t,钻孔期间无瓦斯动力现象,则防突措施有效,判别各煤层预抽范围内无突出危险,可执行安全防护措施开挖掌子面。否则,补孔后继续抽采,直至达标为止。

判定为区域抽采有效后,隧道施工进入下一步揭煤作业,即在采取安全防护措施后,实行边探边掘,并按设计及时进行支护,直至达到距 C6 煤层法向距离 7m 时,进行区域防突措施的验证。

6.1.5 平导揭煤瓦斯抽采实施及达标评判

该隧道平导自 2014 年 7 月 7 日开始瓦斯抽排钻孔施工,8 月 21 日开始抽排,至 11 月 1 日达到预设抽排量后对瓦斯抽排效果进行检验评判。

1)平导瓦斯抽采效果检验孔设计及施工

平导瓦斯抽采防突措施效果检验为:平导底板面以上采用钻孔取煤芯,测定煤层瓦斯含量的方法进行,平导底板面以下采用密集钻孔排放考察。为此,平导底板面以上布置 5 个测试点,每个测试点布置 3 个钻孔,共计 24 个钻孔,分布在平导上、中及两侧,预计取出煤样 45 个。平导以下布置 38 个密集排放钻孔(轮廓线下 8m 方位内,按终孔间距 2m 布置),考察消突情况,详见图 6-8 和图 6-9。

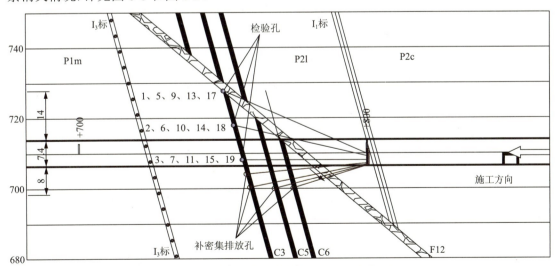

图 6-8　校检孔及密集钻孔布置剖面图(尺寸单位:m)

24 个校检孔及 38 个密集钻孔排放考察钻孔于 11 月 15 日施工完毕,施工过程中未出现喷孔等异常现象,取出煤芯 40 个样。详见图 6-10～图 6-12。

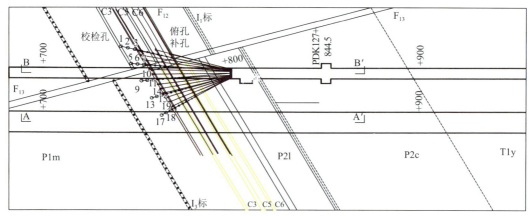

图 6-9 校检孔及密集钻孔布置平面图

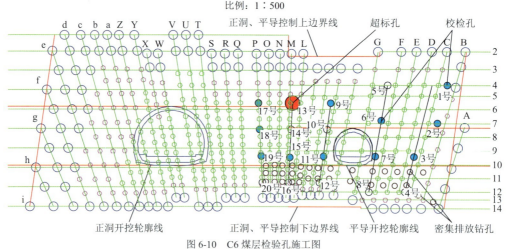

图 6-10 C6 煤层检验孔施工图

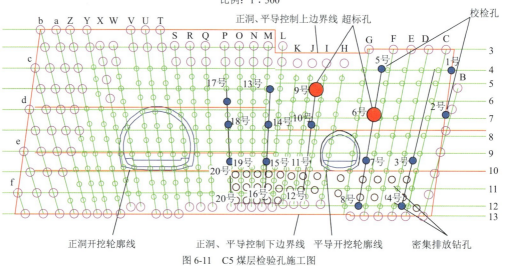

图 6-11 C5 煤层检验孔施工图

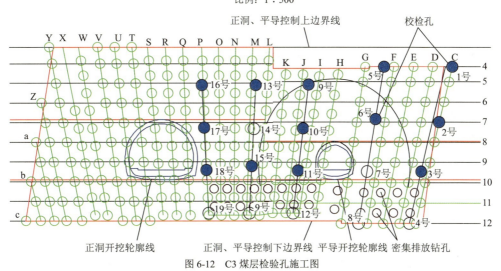

图 6-12 C3 煤层检验孔施工图

2）第一次平导瓦斯抽采达标评判

根据《煤矿瓦斯抽采达标暂行规定》及《防突规定》要求，对平导揭煤区域瓦斯抽采达标情况进行评判，具体内容如下：

(1) 瓦斯抽采基础条件评判情况

瓦斯抽采基础条件评判情况见表 6-10。

瓦斯抽采基础条件评判情况　　表 6-10

序号	规定项目	具有情况	是否达标
1	建立瓦斯抽采系统，且抽采系统正常、连续运行	地面安装 2 台 2BEC-40 型水环式真空泵，1 台使用 1 台备用。抽采系统运行正常	达标
2	瓦斯抽采泵站能力和备用泵能力、抽采管网能力满足抽采达标的要求，预抽瓦斯钻孔的孔口负压不得小于 13kPa	预抽瓦斯钻孔的孔口负压均大于 13kPa，抽采能力满足要求	达标
3	抽采计量测点、计量器具符合计量标准和规范要求，无超期使用，计量准确	符合要求	达标
4	具有符合标准要求的抽采效果评判用相关测试条件的	相关指标测定由重庆煤科院及重庆科信煤矿安全技术公司完成	达标

(2) 抽采钻孔有效控制范围界定情况

平导揭煤抽采钻孔防突专项设计最小控制范围：揭煤处巷道轮廓线外上、左、右各 14m、下 8m。

抽采钻孔实际有效控制范围：施工抽采钻孔实际参数揭煤处巷道轮廓线外上 14.1m、左右 14.3m，下 8.1m，符合设计要求。

抽采钻孔布孔均匀程度评价情况：

施工开孔位置均匀，符合设计要求；

钻孔严格按设计参数施工，各煤层布孔满足设计要求。

（3）抽采瓦斯效果评判指标测定情况

①平导揭煤原始参数：

平导揭煤原始参数见表 6-11。

平导揭煤原始参数一览表　　　　　　　表 6-11

项　目	临界值指标	实　测　值			备　注
		C6	C5	C3	
煤层倾角（°）		73	73	73	设计勘察阶段地表地质钻孔检测数值
煤层厚度（m）		0.97	2.42	2.09	
瓦斯压力（MPa）	0.74	3.67			
瓦斯含量（m³/t）	8	11.4744	9.8724	13.9131	重庆科信，施工取芯检测值
煤的坚固性系数 f	≤ 0.5	0.25	0.25	0.17	河南理工大，工作面取芯检测值
瓦斯放散初速度 Δp	≥ 10	13.8	13.5	18.7	
煤的吸附常数 a（m³/t）		34.7673	45.3047	35.1885	重庆煤科院，工作面取芯检测值
煤的吸附常数 b（MPa⁻¹）		1.039	1.3664	1.0607	

②预抽时间差异系数计算：

抽采钻孔开始抽采时间：2014 年 8 月 19 日。

抽采完工施工时间：2014 年 11 月 1 日。

抽采钻孔效果评判时间：2014 年 11 月 20 日。

预抽时间差异系数为：

$$\eta = \frac{T_{\max} - T_{\min}}{T_{\max}} \times 100\% = (69-69) \div 69 = 0\% < 30\% \tag{6-6}$$

式中：η——预抽时间差异系数，%；

$T_{\max}$——预抽时间最长的钻孔抽采天数，d；

$T_{\min}$——预抽时间最短的钻孔抽采天数，d。

本次抽采钻孔可以作为一个评价单元。

③瓦斯抽排率计算：

煤的储量：42581.11t；

瓦斯储量：682406.15m³；

瓦斯抽采量：154603.25 m³；

瓦斯风排量：21600 m³；

瓦斯抽排率：31.58%，大于设计预计抽排率 30.48%。

④区域措施校检结果：

24 个校检孔施工过程中未出现喷孔等异常现象，取出煤芯 40 个样，有 3 个煤样指标超标，超标率 7.5%。其中 C6 煤层 1 个样超标、C5 煤层 2 个样超标、C3 煤层无超标。24 个效检孔、40 个煤样由专业公司现场采样并进行实验室检测，各检验孔各煤样残余瓦斯含量参数见表 6-12。

检验孔各煤样残余瓦斯含量参数　　表6-12

序号	孔号	施工班次	含量（m³/t）			终孔深度（m）
			C6	C5	C3	
1	9号	11.2早	2.3308	8.477	3.0977	53.1
2	10号	11.2夜	未取到	2.7385	2.8236	61.46
3	11号	11.3夜	3.1534	2.7145	3.9599	36.88
4	13号	22.4早	8.8814	1.8442	未取到	62.28
5	14号	11.4中	未取到	2.1371	未取到	38.9
6	15号	11.4夜	2.0741	1.9483	7.3846	35.88
7	17号	11.7早	7.5318	7.1117	3.0459	41.82
8	18号	11.6夜	2.4582	2.5812	4.5115	36.6
9	19号	11.6早	2.0719	1.9233	2.6935	33.6
10	1号	11.12中	2.062	2.0038	7.0635	68.58
11	2号	11.13夜	7.3462	7.0545	7.4956	57.16
12	3号	11.10夜	2.8674	2.0646	2.9248	46.0
13	5号	11.8中	未取到	2.5508	3.1115	53.56
14	6号	11.9中	2.5378	10.8463	2.8977	56.72
15	7号	11.9夜	2.508	2.7412	未取到	48.74

38个底板密集排放考察钻孔已全部施工完毕，施工过程中无明显动力现象。

(4) 平导瓦斯抽采达标评判结论

平导揭煤工程，所实施的区域综合防突措施符合《防治煤与瓦斯突出规定》《煤矿瓦斯抽采达标暂行规定》，所有检验过程合规并真实有效。

本次校检结果显示消突效果总体较好，但个别点位超标，平导底板以下俯孔虽无明显动力现象，但由于底板取芯效果差，加之瓦斯抽采评估局部不符合达标要求，需要对超标区域增补措施，对底板孔持续观察，实现所有检验部位达标，所有检验孔施工无异常现象后再次进行评判。

(5) 增补防突措施

补打密集钻孔排放，根据检验超标对超标的实际情况，在每一超标孔附近2m范围内补打4个排放孔，并自然排放7d后进行第二次效果检验。

超标部位通过补孔并自然排放7d后，在平导里程PDK127+790（距C6煤层7m）处进行第二次效果检验。

6.1.6　平导瓦斯抽采达标评判结论

(1) 达标评判结论。

平导揭煤区域防突措施效果检验，C6、C5两个作为一组进行区域效果检验，经采用钻屑瓦斯解吸指标法和综合指标法两种方法检验，符合《防突规定》区域防突措施效果检验孔布孔要求，各项指标均在临界指标以下，在实施检验孔施工过程中无异常现象，评判结论为抽采达标、防突措施有效。

C3 煤层由于钻屑指标法出现超标,判定为不达标。

（2）不合格煤层处理措施。

C3 煤层因有 1 个测定 K1 值超标,单独作为一组下一次区域措施效果检验,应立即对超标点补打 4 个排放钻孔(不达标点左边 2m 范围)。

由于 C3 距离 C6、C5 相对较远(8m),为合理安排施工,加快进度,把 C6、C5 和 C3 作为两个区域,利用 C6、C5 揭煤时间进行 C3 超标部位自然排放,以确保掌子面开挖至距 C3 煤层 7m 前区域措施效果检验达标。

（3）平导掌子面施工至距 C6 煤层 5m、2m 时,进行 5m、2m 时的局部防突验证,验证达标后方可进入下一步工序。

6.2 工作面防突措施

6.2.1 工作面突出危险性预测

该隧道区域预测、区域防突措施、区域效果检验均采取平导、正洞一并进行。在区域验证阶段,则分平导、正洞及各煤层分别进行。隧道施工(平导、正洞)设计采用"渐进式"揭煤技术,分步验证,每揭完一层煤,需进行四次验证。

1）第一次验证

（1）实施位置：平导(正洞)掌子面距 C6、C3 煤层垂距 7m 时实施。

由于 C6、C5 煤层间距 6.44m 且与隧道 54°相交,隧道开挖时揭开 C6 煤层后,C5 煤层距掌子面距离小于施工设计规定的最小法向距离 7m。因此,在平导或正洞开挖至距 C6 煤层最小法向距离 7m 时,对 C6 和 C5 煤层同时实施突出危险性验证。根据隧道实际情况将其他近距离煤层(煤厚大于 0.3m)同时进行突出危险性验证。并根据后续煤层检测过程,煤层、断层实际情况,制定揭煤补充验证措施。

（2）验证孔布置。验证钻孔控制隧道见煤点或轮廓线外倾斜上方 5m,下方 3m,左右各 5m。

施工区域验证孔 9 个,在平导(正洞)见煤点或轮廓线外控制范围的上、中、下及两侧布置,孔径 75mm,详见图 6-13。

经验证合格,掌子面推进至第二次验证位置。

2）第二次验证

（1）实施位置：平导(正洞)掌子面距 C6、C3 煤层垂距 5m 时实施。

（2）验证孔布置：验证钻孔布置同第一次验证。

经验证合格，掌子面推进至第三次验证位置。

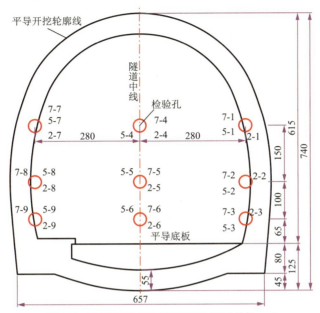

图 6-13 平导局部防突验证孔布置图（尺寸单位：cm）

3）第三次验证

（1）实施位置：平导（正洞）掌子面距 C6、C5、C3 煤层 2m 垂距验证。

（2）验证孔布置：验证钻孔布置同第一次验证。

经验证合格，掌子面推进至第四次验证位置。

4）第四次验证

（1）实施位置：平导（正洞）掌子面揭开 C6、C5、C3 煤层及过煤门的过程中。根据施工设计平导超前正洞开挖，针对隧道与煤层走向呈 54°角斜交且开挖断面大，不能一次性全断面揭完煤层，采用对每一层煤逐层进行连续验证，直至隧道过完全部煤层。

（2）验证孔布置：采用电煤钻沿煤层施作 3 个钻孔，孔径 $\phi 42mm$，孔深 8～10m，钻孔应布置在软分层中，一个为水平平行煤层走向，另二个顺煤层斜向上和向下，终孔位置为隧道轮廓线外 2～4m 处。

采用钻屑瓦斯解吸指标法进行突出危险性检验，如有突出危险，采取补打顺层孔等半煤巷瓦斯排放措施并经再次检验确认无突出危险后才能继续施工，并保留 5m 超前距。

5）验证方法及其临界指标

（1）工作面区域验证方法采用钻机，孔径 75mm，采用钻屑指标法验证。临界指标值为：K_1=0.40mL/(g·min)（1/2 湿样）或 0.50mL/(g·min)（1/2 干样）、S=14kg/m（孔径 $\phi 75mm$）；喷孔、卡钻等异常现象视为超标。

（2）过煤门顺层验证钻孔采用煤电钻施工 42 钻孔，采用钻屑指标法验证。临界指标值见表 6-13。

钻屑指标法预测煤巷开挖工作面突出危险性的参考临界值　　表 6-13

钻屑瓦斯解吸指标 Δh_2（Pa）	钻屑瓦斯解吸指标 K_1 （mL/g·$\min^{\frac{1}{2}}$）	钻屑量 S	
		（kg/m）	（L/m）
200	0.5	6	5.4

（3）采用塑料桶测定钻屑量 S 值，采用 WTC 瓦斯突出参数预测仪测定 K_1 值，钻孔每钻进 1m 测定该 1m 段的全部钻屑量 S 值，每钻进 1m 测定一次钻屑瓦斯解吸指标 K_1 值。

6）验证结果判断

（1）采用钻屑指标法验证，每钻进 1m 测定该 1m 段的全部钻屑量 S，每钻进 2m 至少测定一次钻屑瓦斯解吸指标 K_1 或 Δh_2 值。

（2）如果实测得到的 S、K_1 或 Δh_2 的所有测定值均小于临界值，并且未发现其他异常情况，则该工作面预测为无突出危险工作面。

（3）区域验证不超标，上报审批后浅掘浅进至下一控制岩柱再进行验证；若验证超标，必须采取局部综合防突技术措施，直至局部效果检验不超标后上报审批后浅掘浅进至下一控制岩柱后进行下一次验证。

（4）每次验证有一次临界值超标或有煤与瓦斯突出动力现象，则区域防突措施无效，停止作业、制定专项施工措施，执行局部防突措施。

6.2.2　工作面防突

工作面预测与区域验证，为同一防突控制程序，在隧道施工的验证过程中，只要有一个检测点验证有突出危险或超前钻孔等发现了突出预兆，则执行预抽瓦斯或排放钻孔局部综合防突措施。

1）采用排放或抽采钻孔作为局部防突措施

（1）局部防突措施孔控制范围。石门揭煤工作面钻孔的控制范围：石门两侧和上部轮廓线外至少 5m，下部至少 3m。

（2）钻孔布置

①在隧道揭煤工作面采用穿层钻孔排放、预抽瓦斯防突措施时，钻孔直径采用 75mm，中孔间距 2m，在原区域性预抽钻孔的基础上进行补孔。

②揭开煤层后半煤巷的局部防突措施，采用沿煤层施作钻孔进行，使用电煤钻打孔径 ϕ60mm，长 10～30m 的钻孔，开孔间距不大于 300mm，终孔间距不大于 2m，呈扇形分布整个隧道揭煤区域。

③排放钻孔实施排放 7 天后进行局部防突措施的效果检验，若还超标，实施钻孔预抽防突措施，立即封孔接抽瓦斯。

2）金属骨架及煤层固化措施

煤层段可设置金属骨架，ϕ75mm 管棚配合钢拱架使用。采用 ZDY-2300 型钻机施工超前金属导管，导管采用 ϕ75mm 热轧无缝钢管，壁厚 6mm，导管单根长度 20m，拱部环间距 30cm,边墙环间距 60cm,纵向间距 15m,倾角 1°～3°。注水泥浆固化,注浆压力为 1～2MPa,具体设置如图 6-14 所示。

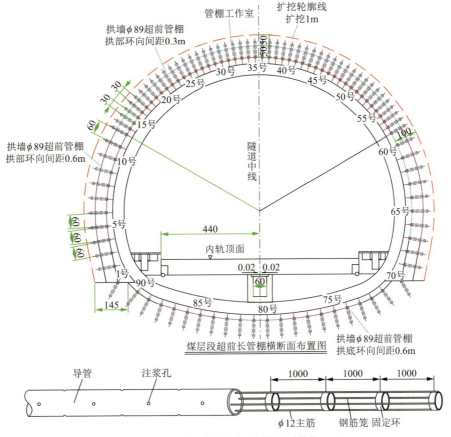

图 6-14 金属骨架及煤层固化示意图(尺寸单位:cm)

3) 工作面防突措施效果检验

(1) 校检孔布置:局部防突措施效果检验孔的布置与区域验证孔布置相同(不少于 5 个孔,分布于隧道上、中、下)。

沿隧道开挖线施工至少 5 个钻孔,控制隧道开挖轮廓线外上部和两侧各 5m,下部 3m 范围,钻孔终孔位置分别位于正洞的中部、上下和两侧,钻孔直径 94mm。采用钻屑指标法测定煤层 K_1 值,同时。如果所有实测的指标值均小于临界值,并且未发现其他异常情况,判定为无突出危险工作面,进入下一程序。否则,判定为突出危险工作面,则停止正洞工作面掘进,采取钻孔排放瓦斯等工作面防突措施。

(2) 校检指标:同区域验证指标。

(3) 经排放或预抽 7d 后,经校检,不超临界指标,钻孔期间无突出征兆,则执行本方案的安全防护措施进行施工,采取浅挖浅进至下一预测岩柱(或揭开煤层)。

(4) 若检验超标或钻孔期间有突出征兆,则延长排放或抽采时间,或研究补充消突等可靠措施后,再检验。直至检验合格,方可揭煤施工。

6.3 石门揭煤总体施工流程

6.3.1 揭煤施工流程

瓦斯突出隧道揭煤总体施工流程见图6-15。

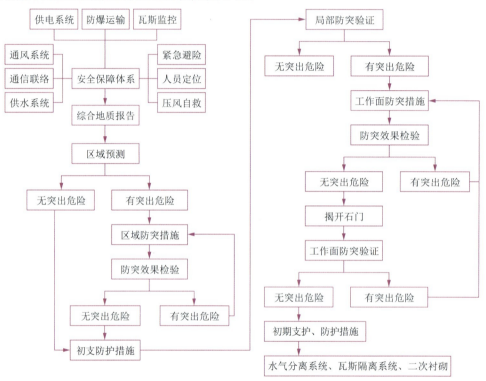

图6-15 揭煤施工总体流程图

6.3.2 揭煤施工

平导揭煤距C6煤层2m验证孔施工过程中无异常现象,全部K_1值和ΔH_2值均在突出临界值以下,区域防突措施有效;可以进行下一步揭煤前局部防突措施的施工和C6煤层的揭煤工作。揭开石门及过石门坎见图6-16。

1)上台阶先行揭开石门

石门爆破的炮眼长度按2m控制,一次揭开石门。顶板靠超前管棚及超前小导管双层支护,揭开石门进行锚喷支护后立即立拱架打设系统锚杆支护。

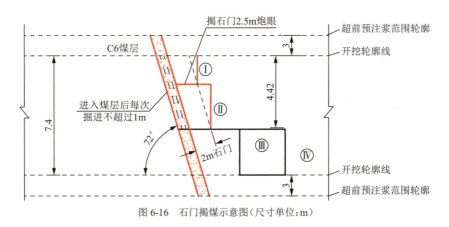

图 6-16　石门揭煤示意图（尺寸单位：m）

2）过煤门

按照隧道施工设计和专项施工方案，正洞采用从距突出煤层最小法向距离 7m 开始即进入揭煤作业。平导超前正洞开挖，针对隧道与煤层走向呈 54°角斜交且开挖断面大，单一煤层过煤里程长度达 18.6～21.95m，不能一次性全断面揭完煤层情况，采用对每一层煤逐步进行"局部综合防突措施—揭煤—局部综合防突措施—揭煤"，直至隧道过完全部煤层。

揭开煤层后，沿煤层方向打设顺层钻孔，使用电煤钻打孔径 ϕ60mm，开孔间距不大于 600mm，终孔间距不大于 2m，钻孔数量不小于 3 个，钻孔长度平导平均 10m/ 个，正洞平均 15m/ 个，呈扇形分布于工作面前方 10m 防突范围，作为半煤半岩巷道的局部综合防突措施，钻孔仍采用钻屑指标法进行防突验证，钻孔布置见图 6-17、图 6-18。

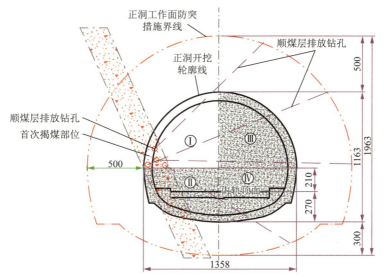

图 6-17　正洞工作面首次揭煤后顺层排放钻孔布置图（尺寸单位：cm）

经预测如有突出危险，停工在掌子面煤壁向前方沿煤层施作钻孔进行排放；若无突出危险性，继续掘进距离 C5 煤层 2m 垂直距离，然后再检验，如此循环；每次爆破掘进 0.8～1.2m，防止冒顶；采用三级煤矿许用含水炸药及 1～5 段煤矿许用电雷管爆破。在半煤半岩中掘进应在岩石炮眼中装药，其总药量为普通岩巷爆破药量的 1/3～1/2。

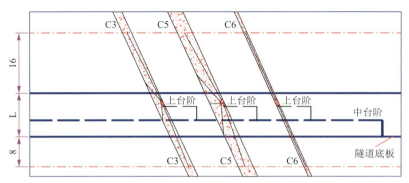

图 6-18 正洞工作面首次揭煤后顺层排放孔立面布置图(尺寸单位:m)

在实施局部综合防突措施的半煤工作面,若预测指标为无突出危险,则只有当上一循环的预测指标也是无突出危险时,则可确定为无突出危险工作面,并在采取安全防护措施、保留足够的预测超前距的条件下进行下一步作业,否则,仍要执行工作面防突措施(瓦斯抽排),以消除瓦斯突出危险。

3)揭煤方法

在煤层中掘进时,采用湿式钻孔,采用松动爆破。在软弱破碎岩层中或煤层中掘进时,采用超前支护及时注浆,防止坍塌。爆破后立即喷锚支护,及时封闭围岩。保证拱、墙、仰拱衬砌形成闭合整体。煤系地层设防段的二次模筑衬砌应预留注浆孔,衬砌完成后及时压浆,充填空隙,封闭瓦斯。

参照以上程序,对平导揭煤距 C5 煤层 2m、距 C3 煤层 5m 外区域验证。

平导过煤系地层段设计为Ⅳ级、Ⅴ级,采用上下台阶法开挖施工,台阶长度 3 ～ 5m。

正洞过煤系地层段设计为Ⅴ级,采用三台阶法施工。正洞揭煤参照平导进行。

6.4 瓦斯突出隧道爆破设计

6.4.1 小断面(平导)揭煤爆破设计

爆破作业采用煤矿许用炸药、煤矿许用毫秒延期电雷管、电力起爆器,雷管选用 1 ～ 5 段毫秒延期电雷管,最后一段的延期时间不得大于 130ms。周边炮孔间距取 50cm,抵抗线取 70cm。

平导采用上下台阶分部揭煤,根据煤层的倾向,掌子面进行刷斜面,保证石门岩柱厚度一致。周边炮眼爆破参数确定:由于围岩为Ⅴ级,主要为黏土岩、砂岩、硅质岩、灰岩,呈碎石角砾,稳定性一般,中硬到坚硬,按照规范要求保留 2m 岩柱(垂直于煤层),实际开挖进尺为 2.7m,采用松动爆破,炮眼直径为 45mm(用 φ42mm 一字钻头)。上台阶爆破设计如下。

(1) 炮眼总数计算。

光面爆破炮眼总数按以下经验公式计算：

$$N = 5.5\sqrt{S}\sqrt[3]{f^2} \tag{6-7}$$

式中：N——炮眼数量；

S——掘进断面面积，单位为 m²，$S=18$m²；

f——岩石的坚固性系数，$f=5$。

可得 $N = 5.5\sqrt{S}\sqrt[3]{f^2} = 5.5 \times \sqrt{18} \times \sqrt[3]{5^2} = 68$。

(2) 单位装药量计算。

单位装药量：

$$q = 1.68K_m f^{1.2} S^{-0.75} \tag{6-8}$$

式中：q——单位装药量，单位为 kg/m³；

f——岩石的坚固性系数，取 $f=5$；

S——掘进断面面积，单位为 m²，$S=18$m²；

K_m——煤层厚度影响系数，$K_m=0.9$。

可得 $q = 1.68K_m f^{1.2} S^{-0.75} = 1.68 \times 0.9 \times 5^{1.2} \times 18^{-0.75} = 1.2$kg/m³。

(3) 总装药量计算。

一次爆破总装药量

$$Q = qSL_{cp} \tag{6-9}$$

式中：L_{cp}——一次爆破的炮眼平均深度。

取 $q=1.2$kg/m³，$S=18$m²，$L_{cp}=2.7$m，可得

$$Q = qSL_{cp} = 1.2 \times 18 \times 2.7 = 58 \text{（kg）}$$

(4) 平导揭煤爆破炮眼结构布置，见图 6-19、图 6-20。

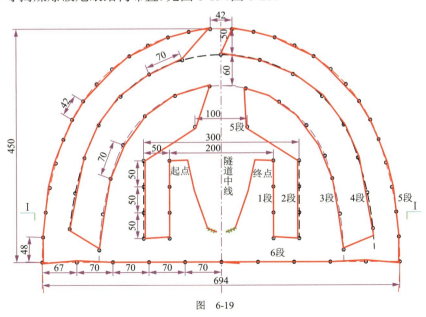

图 6-19

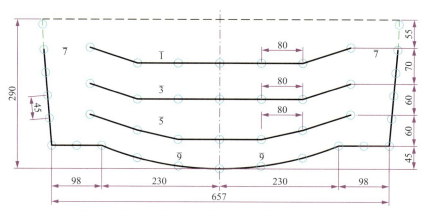

图 6-19 平导Ⅴ级围岩台阶法爆破设计布置图（尺寸单位：cm）

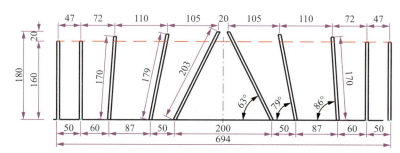

图 6-20 平导Ⅴ级围岩台阶法爆破掏槽区炮眼剖面图（尺寸单位：cm）

（5）爆破参数表，平导部分见表 6-14。

平导揭煤分部开挖爆破参数表　　　　　表 6-14

序号	炮眼名称	炮眼数目	炮眼深度(m)	角度(°)	装药量 单孔(只)	装药量 质量(kg)	装药量 合计(kg)	雷管 段位	雷管 单孔(个)	雷管 小计(个)	装药顺序	部位
1	1级排掏槽眼	8	2	63	5	0.75	6.00	1	1	8	正向	
2	2级排掏槽眼	8	1.8	79	4	0.60	4.80	2	1	8	正向	
3	扩槽眼	16	1.7	86	4	0.60	9.60	3	1	16	正向	上台阶
4	辅助眼	15	1.6	0	3	0.45	6.75	4	1	15	正向	
5	周边眼	30	1.6	0	2.5	0.375	11.25	5	1	30	正向	
6	底板眼	11	1.6	0	6	0.90	9.90	6	1	11	正向	
7	小计	88					48.3			88	上台阶	
8	1级掘进眼	7	1.8	0	4	0.60	4.20	1	1	7	正向	
9	2级掘进眼	7	1.8	0	4	0.60	4.20	2	1	7	正向	
10	3级掘进眼	7	1.8	0	4	0.60	4.20	3	1	7	正向	下台阶
11	周边眼	12	1.8	0	3	0.450	5.40	4	1	12	正向	
12	底板眼	9	1.8	0	4	0.60	5.40	5	1	9	正向	
13	小计	42					23.4			42	下台阶	
14	合计	130					71.7			130		

6.4.2 大断面(正洞)揭煤爆破设计

正洞揭煤爆破作业同样采用煤矿许用炸药、煤矿许用毫秒延期电雷管、电力起爆器,雷管选用 1~5 段毫秒延期电雷管,最后一段的延期时间不得大于 130ms。周边炮孔间距取 45cm,抵抗线取 70cm。

正洞采用三台阶分部开挖,分部揭开。爆破参数:正洞揭煤段围岩为Ⅴ级,主要为黏土岩、砂岩、硅质岩、灰岩,呈碎石角砾,稳定性一般,中硬到坚硬,揭煤前进尺为 0.8~1.2m,炮眼直径为 45mm(用 ϕ42 一字钻头)。

爆破参数计算方法与平导相同,经计算上台阶爆破参数为:①上台阶炮眼总数为 107 个;②单位装药量为 0.96kg/m³;③总装药量为 35.2kg。

其他部位参考上台阶计算。炮眼布置及装药方式见图 6-21、图 6-22、表 6-15。

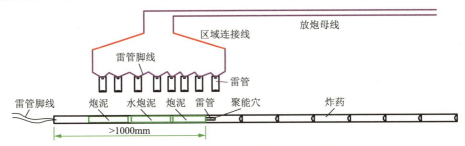

图 6-21 煤系地层炮眼装药及爆破网络连接示意图

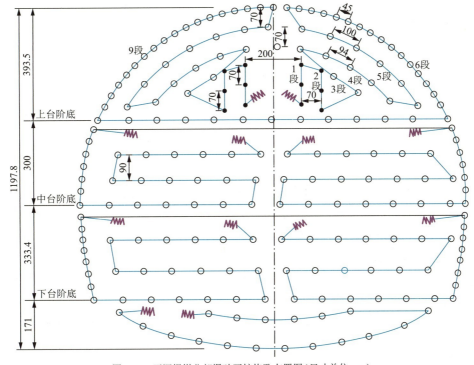

图 6-22 正洞揭煤分部爆破开挖炮孔布置图(尺寸单位:cm)

正洞揭煤分部开挖爆破参数表　　表 6-15

序号	炮眼名称	炮眼数目	炮眼深度（m）	角度（°）	装药量 单孔（卷）	装药量 质量（kg）	装药量 合计（kg）	雷管 超爆顺序	雷管 单孔（个）	雷管 小计（个）	装药顺序	部位
1	1级排掏槽眼	6	1.5	53	7	1.4	8.4	1	1	6	正向	上台阶
2	2级排掏槽眼	6	1.3	64	6	1.2	7.2	2	1	6	正向	
3	扩槽眼	4	1.2	80	4	0.8	3.2	3	1	4	正向	
4	辅助眼	24	1	0	2	0.4	9.6	3	1	24	正向	
5	周边眼	35	1	0	1	0.2	7	4	1	35	正向	
6	底板眼	11	1	0	4	0.8	8.8	5	1	11	正向	
7	小计	86	开挖面积：34.6m²				44.2	单耗	1.28	86		
8	1级掘进眼	12	2	0	8	1.6	19.2	1	1	12	正向	中台阶
9	2级掘进眼	13	2	0	8	1.6	20.8	2	1	13	正向	
10	周边眼	14	2	0	2	0.4	5.6	3	1	14	正向	
11	底板眼	13	2	0	9	1.8	23.4	4	1	13	正向	
12	小计	52	开挖面积：39.5m²				69	单耗	0.87	52		
13	1级掘进眼	13	2	0	8	1.6	20.8	1	1	13	正向	下台阶
14	2级掘进眼	12	2	0	8	1.6	19.2	2	1	12	正向	
15	周边眼	16	2	0	2	0.4	6.4	3	1	16	正向	
16	底板眼	12	2	0	9	1.8	21.6	4	1	12	正向	
17	合计	53	开挖面积：44.1m²				68	单耗	0.77	53		

6.5 防坍塌及运营期间瓦斯防护

6.5.1 瓦斯隧道支护

按设计采用初喷混凝土＋钢拱架＋钢筋网片＋锚杆＋临时仰拱＋湿喷气密性混凝土的方式进行支护，支护紧跟掌子面。初期支护结束后，仍要加强瓦斯监测工作，加强人工巡视检测，作业区易积聚处增设瓦斯驱散器。

加强通风，确保风量和风速。经过仰拱施工段的风管采用薄铁皮进行防护，加强监控量测，对变形异常段加强瓦斯检查，防止瓦斯逸出事故。

1）加固圈 3m 超前周边注浆封堵

煤系地层段设计采用加固圈超前预注浆堵水。揭煤前根据围岩及赋水情况采取超前预注浆的方式进行围岩加固和堵水施工，防止出现塌方及涌水等事故，同时经过周边注浆封堵，也可减弱瓦斯从围岩裂缝涌出，从而降低瓦斯突出风险（周边注浆需在瓦斯抽排并检验达标后进行）。

注浆封堵施工时配合超前管棚一起完成，每一循环注浆长度 18m，开挖 15m，注浆孔开孔直径不小于110mm,终孔直径不小于91mm,孔口管采用ϕ108mm,壁厚6mm的热轧无缝钢管,管长3m,并固定牢固,每环数量见表6-16。

加固圈3m超前周边注浆封堵数量(一环)　　　表6-16

项目	注浆钻孔				孔口管(ϕ108钢管)		注浆量
	ϕ110		ϕ91				
单位	孔	m	孔	m	根	m	m³
数量	55	165	55	536.6	55	165	103.14

(1)施工工艺流程

加固圈3m超前周边注浆封堵施工流程如图6-23所示。

(2)施工准备

施工对施钻场地进行平整,并硬化处理以便钻机固定,根据设计在开挖面进行钻孔位置测量放样,准确确定钻孔高度、角度及施钻长度,施工人员安排18人,每班6人配合3台钻机施工,钻孔采用ZDY-1250型地质钻机,利用矿用单液泵注浆机注浆。

(3)施工方法

利用开挖台架,采用钻机钻孔,钻孔顺序由外往内,先用ϕ110mm钻头施钻深度3.0m的孔,然后退钻安装长度1.0mϕ108mm孔口管,孔口管安装、锚固牢固后采用ϕ90mm钻头套孔至设计深度,退钻安装止浆阀和注浆便接头。钻孔布置见图6-24、图6-25。

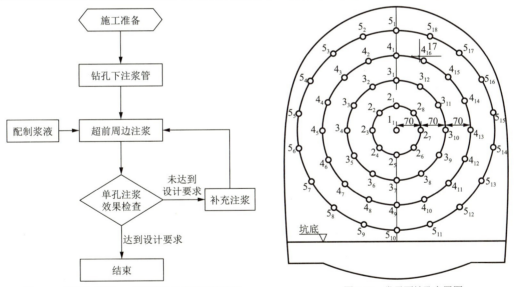

图6-23　平导加固圈3m超前周边注浆封堵流程图　　　图6-24　掌子面钻孔布置图

2）超前大管棚支护

3m预注浆结束后,在开挖轮廓线外布置超前管棚支护,管棚支护纵向长30m。由于管棚过长,会造成尾部偏离隧道外轮廓过远,故本次施工采用30m,搭接3m的方式进行大管棚施工,大管棚支护施工采取无工作室管棚施工技术,沿初期支护拱架中间安设导向管,环向间距拱部及仰拱30cm,边墙60cm,外插角不大于12°。

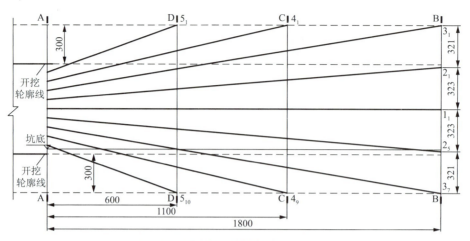

图 6-25 注浆纵断面布置图（尺寸单位：cm）

大管棚采用外径 $\phi 89mm$，壁厚 6mm 热轧无缝钢管加工，每节长 4m、6m，沿管壁布设 4 排 $\phi 6mm$ 对称溢浆孔，梅花形布设，孔间距 15cm，每根管棚末端 1.0m 布设溢浆孔，前端加工成锥形尖端并封闭。管棚安设完成后进行全孔一次性管棚注浆，注浆参数同超前加固注浆，管棚钢管间采用插管冷连接（即在 $\phi 89mm$ 钢管内套 $\phi 70mm$ 钢管）。

3）衬砌前瓦斯排放措施

在瓦斯突出地段两段各延伸 100m 为瓦斯防护延长地段。在瓦斯突出及防护延长地段设置水气排放系统。

（1）降压管

初期支护完成后，在平导靠正洞一侧侧沟向上 3m 位置每处布置 3 根降压管，每处间距 10m。降压管采用 $\phi 70mm$PVC 管，每根长度 9m，周边钻 5mm 孔，间距 10cm×10cm，梅花形布置，管端连入 $\phi 150mm$ 纵向 PVC 管，经过水气分离室 $\phi 200mm$ 瓦斯排放镀锌钢管沿横洞排出洞外。具体见图 6-26。

（2）盲管排放系统

采用全封闭复合衬砌封闭地层中的水和瓦斯，同时采用两套独立的排水和瓦斯排放系统，即洞内侧沟排水系统和衬砌外盲管排水、排瓦斯系统。

正洞地下水排放路径：透水纵向盲管——（不透水纵向盲管）——水气分离室——洞内侧沟；瓦斯等有害气体的排放路径：透水纵向盲管——（不透水纵向盲管）——水气分离室——瓦斯排放管排入大气；

平导地下水排放路径：透水纵向盲管——不透水纵向盲管——水气分离

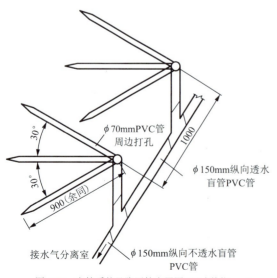

图 6-26 盲管系统及降压管布置图（尺寸单位：cm）

室——洞内侧沟；平导瓦斯等有害气体排放路径：透水纵向盲管——不透水纵向盲管——水气分离室——瓦斯排放管排入大气。

（3）水气分离室

隧道内水气混合体经分离后，瓦斯气体经洞内布置的 $\phi 200mm$ 瓦斯排放镀锌钢管引至地表集中排入大气。具体见图 6-27。

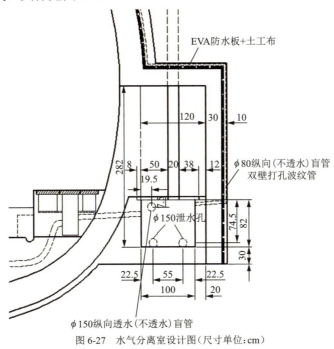

图 6-27　水气分离室设计图（尺寸单位：cm）

6.5.2　二次衬砌

水气排放系统完成后全环设置瓦斯隔离板，所在范围内一切辅助洞室，均设置全环瓦斯隔离板，瓦斯隔离板采用防水板+闭孔 PE 泡沫垫层（厚度≥4mm）。瓦斯隔离板接缝应与隧道"三缝"错开。二次衬砌采用气密性混凝土，在集中混凝土搅拌站生产；防爆混凝土罐车运输混凝土；利用全液压衬砌模板台车、防爆混凝土输送泵浇筑；拆模后衬砌内表面骑缝涂刷专用材料，确保瓦斯封闭效果。

1）气密性混凝土的配合比设计指标

掺加硅灰、粉煤灰或复合掺合料；混凝土的水胶比不宜大于 0.45，胶凝材料用量不宜小于 330kg/m；配制气密性混凝土砂率不宜小于 36%，在满足混凝土其他性能指标的条件下尽可能选择较大的砂率。混凝土拌和物的含气量不宜大于 2%；二次衬砌混凝土罐车运输，泵送混凝土坍落度宜为 180～220mm。

2）气密性混凝土施工技术要求

气密性混凝土透气性不大于 10^{-11} cm/s。

投料顺序宜先将水泥、掺合料、细集料干拌 1.5min，至拌和均匀后加入粗集料、水、外加剂，再搅拌 1.5～2mim 至混凝土均匀一致为止。

采用机械振捣。采用插入式振捣器振捣时，应采用斜向振捣，不宜采用垂直振捣。浇筑完毕后应及时进行保温保湿养护，避免或尽量减少混凝土裂纹。连续养护时间不得少于 28d，并应避免在 5℃以下施工。

当隧道内含瓦斯地段较长且初始瓦斯压力大于 0.74MPa 时，宜在衬砌背后预埋通向大气的降压管；有平行导坑时，可从平行导坑向正洞施钻瓦斯降压孔，防止隧道建成后瓦斯压力回升。

第 7 章

瓦斯隧道通风与监测技术

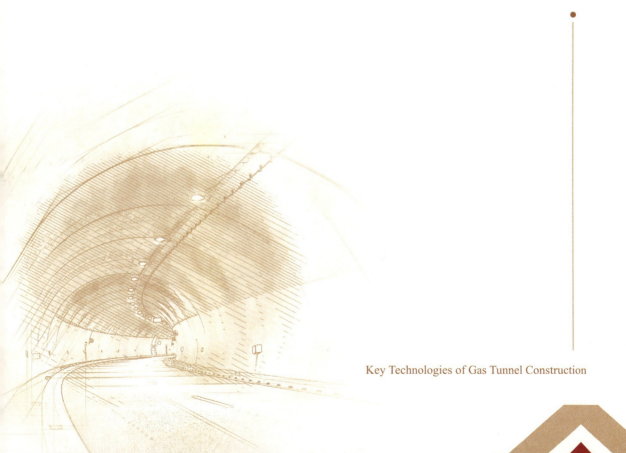

Key Technologies of Gas Tunnel Construction

Key Technologies of Gas Tunnel Construction

瓦斯隧道通风与监测技术 | 第 7 章

瓦斯隧道的通风是确保隧道施工安全的关键。由于隧道的施工特点,决定了瓦斯隧道的通风与煤矿通风既有相似之处,又有很大不同。同时,由于瓦斯的高风险性,瓦斯隧道的通风又不同于普通隧道的通风。

7.1 瓦斯隧道通风设计

7.1.1 施工通风设计原则

(1)瓦斯隧道各开挖工作面采用独立通风,各开挖工作面之间不存在串联风流。确保任意位置瓦斯浓度不超标。

(2)除用作回风的横通道外,其他不用的横通道应及时封闭。留作运输用的横通道应设两道风门,防止风流短路。

(3)在隧道断面净空允许的情况下,尽可能采用大直径风管配大风量通风机,以减少能耗损失。

(4)采用防静电、阻燃的风管,防爆型通风机,通风机有一套同等性能的备用。同时配备备用电源,并能及时切换。

(5)风量计算时考虑瓦斯涌出不均衡系数。

(6)穿越煤系地层段及隧道贯通后,应继续加强通风,防止瓦斯局部积聚。

7.1.2 通风方式的选择

瓦斯隧道施工必须采用机械式通风。机械式通风又分为管道式和巷道式。

瓦斯隧道根据不同等级划分,使通风、设备、工法都需要区别对待。低瓦斯工区采用加强通风和瓦斯监测后,可采用普通非防爆施工机械和电气设备,高瓦斯工区需要采用防爆设备,瓦斯突出工区采用防爆设备外,还要有防突措施和相应的装备。

瓦斯隧道施工通风的基本原则是尽量把通风设备和后部作业工序放到新风流中,各开挖工作面必须采用独立通风系统。瓦斯隧道施工通风方式主要取决于隧道整体施工方案和隧道瓦斯分布状况,按瓦斯工区划分通风方式为:

(1)非瓦斯工区。非瓦斯工区施工与普通隧道的施工相同,一般的通风方式都可以采用。但非瓦斯工区与瓦斯工区贯通后,若有瓦斯涌入非瓦斯工区,那么通风方式就要按瓦斯工区考虑。

（2）低瓦斯工区。低瓦斯工区的整个工区瓦斯涌出量小于 0.5m³/min，采用普通的通风设备可以把瓦斯浓度降到 0.3% 以下，要把施工通风设备置于洞外新风中，施工通风方式需采用送风式，通风机设置在洞口。送风式通风的有效射程大，排出瓦斯效果好，利于开挖面瓦斯的稀释。如隧道有平行双洞条件，施工通风方式也可以采用巷道式，通风设备设置于新风区。

（3）高瓦斯工区和瓦斯突出工区。高瓦斯工区和瓦斯突出工区一般采用平行双洞的方式，以增大隧道施工的安全性。施工通风方式可以采用巷道式，巷道式通风有主扇巷道式和射流巷道式两种方式，可优先选用射流巷道式通风。采用巷道式通风，通风设备设置于新风区。长独头隧道施工，没有巷道式通风的条件，通风方式要选择送风式供风，通风设备置于洞外新风中。

7.1.3 瓦斯隧道通风设计

1）需风量

隧道作业面所需通风量应根据洞内同时工作的最多人数所需要的风量、一次起爆炸药量所产生的有害气体降低到允许浓度所需要的风量、隧道内同时作业的内燃机械产生的有害气体稀释到允许浓度所需要的风量、最大瓦斯涌出量所需的风量，取其中的最大值作为隧道施工作业面的需风量，最后按排除瓦斯及排尘最低风速进行验算。我们以某瓦斯隧道为例进行介绍。

（1）需风量计算参数

根据隧道内施工组织方案确定了风量计算的参数，见表 7-1。

风量计算参数 表 7-1

项 目		数 量	单 位
正洞工作面同时工作最多人数		100	人
平导工作面同时工作最多人数		30	
正洞开挖面一次爆破炸药用量		300	kg
平导开挖面一次爆破炸药用量		105	
正洞隧道开挖断面积		130	m²
平导开挖断面积		35	
通风换气长度		250	m
风管平均百米漏风率		2.0	%
风管摩擦阻力系数		0.02	—
正洞绝对瓦斯涌出量		5.66	m³/min
平导绝对瓦斯涌出量		2.94	
机械设备功率	装载机	162	kW
	出渣汽车	215	
	挖机	180	
爆破通风时间		30	min

续上表

项　　目	数　　量	单　　位
隧道内最低允许风速	0.25	m/s
人员配风标准	3	m³/(人·min)
内燃机械设备配风标准	3	m³/(kW·min)
隧道内瓦斯允许浓度	0.5%	—

（2）风量计算结果

按洞内同时作业最多人数计算，正洞需风量 300m³/min，平导需风量 90m³/min。

按开挖面爆破排烟计算需风量为：正洞需风量 1773m³/min，平导需风量 521m³/min。

按稀释内燃机废气计算需风量为：正洞需风量 2262m³/min，平导需风量 1131m³/min。

按瓦斯涌出量计算需风量为：正洞煤层段施工需风量 2264m³/min，平导煤层段施工需风量 1176m³/min。

按最低风速计算需风量为：正洞需风量 1950m³/min，平导需风量 525m³/min。

根据以上计算结果：煤系地层施工段，以瓦斯涌出量需风量作为控制风量，正洞需风量为 2264m³/min，平导需风量 1176m³/min；非煤系地层施工段，以内燃机械作业需风量为控制风量，正洞需风量为 2262m³/min，平导需风量 1131m³/min。工作面需风量计算结果见表 7-2。

开挖面需风量计算结果表　　　　　　　　　　　表 7-2

煤系地层段		非煤系地层段	
正洞	平导	正洞	平导
2264m³/min	1176m³/min	2262m³/min	1131m³/min

2）风机所需提供的风量计算

根据理论计算，由工作面需风量反算局部风机需要提供的风量。

横洞最长风管长度约为 1200m，需要风机提供风量约为 1499m³/min；正洞最长风管长度约为 1500m，需要风机提供风量约为 3063m³/min；平导最长风管长度约为 1600m，需要风机提供风量约为 1625m³/min。

风机需要提供的风量见表 7-3。

局部风机所需提供风量　　　　　　　　　　　表 7-3

正洞工作面风机	平导工作面风机
3063m³/min	1625m³/min

3）风机和风管的选型计算

通风阻力因选择的风管直径和送风距离的不同会有很大差距，需要指出的是，如果选择的风管直径过小，会导致通风阻力过大，不能满足送风需要；如果选择的风管直径过大，又会造成浪费，且不利于施工组织。通风管路的阻力与风机风量的关系式如下，这也是通风管路的阻力曲线。

$$P = \frac{400\lambda\rho}{\pi^2 d^5} \times \frac{(1-\beta)^{\frac{2L}{100}}-1}{\ln(1-\beta)} \times Q_f^2$$

（7-1）

式中：P——风管阻力，Pa；

λ——摩阻系数；

ρ——空气密度，kg/m³；

d——风管直径，m；

β——风管平均百米漏风率；

L——管路长度，m；

Q_f——风机工作点风量，m³/s。

根据风机所需提供的风量和上述公式计算出的风机工况点的静压，初步确定通风机的型号，然后，再通过风机与风管匹配计算结果验证风机是否满足要求，匹配计算情况如下：

（1）正洞工作面

正洞工作面最远通风距离为1500m，采用SDF（B）-No16型风机匹配ϕ1.8m风管，风机叶片角度+6°、功率2×110kW，风管风阻R=1.10068N·s²/m³，风管出口风量2519m³/min＞2264m³/min，风机风压3557Pa，风机风量3411m³/min＞3063m³/min，满足通风要求，匹配结果如图7-1所示。

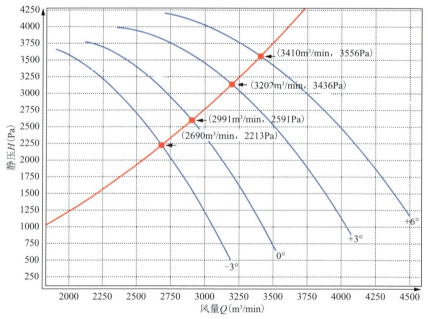

图 7-1 正洞工作面通风距离1500m 匹配结果图

（2）平导工作面

平导工作面最远通风距离为1600m，采用SDF（C）-No11.5型风机匹配ϕ1.5m风管，风机叶片角度+3°、功率2×75kW，风管风阻R=3.06027N·s²/m³，风管出口风量1600m³/min＞1131m³/min，风机风压3529Pa，风机风量2038m³/min＞1441m³/min，满足通风要求，匹配结果如图7-2所示。

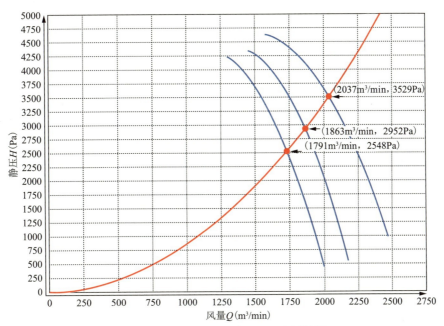

图 7-2 平导工作面通风距离 1600m 匹配结果图

7.2 通风系统各阶段调整实施

1）第一阶段

开挖横洞洞身时，只有主、副井两个开挖面，主井采用 2×110kW 风机匹配 ϕ1.8m 风管送风，副井采用 2×75kW 风机匹配 ϕ1.5m 风管送风。主井最长通风距离 1080m，副井最长通风距离 1091m，通风布置见图 7-3。

2）第二阶段（揭煤和过煤门掌子面实现独立通风）

副井开挖至平导，主井开挖至正洞，只有平导和正洞两个开挖工作面。为了避免平导和正洞揭煤和排放瓦斯的相互干扰，带来安全隐患，主副井井底之间的平导暂时不贯通，仍采用压入式通风。主井采用 2×110kW 风机匹配 ϕ1.8m 风管送风，副井采用 2×75kW 风机匹配 ϕ1.5m 风管送风。平导最长通风距离 1600m，正洞最长通风距离 1500m，通风系统布置见图 7-4。主副井井口各安装了两台同等性能的通风机，主通风机和备用风机通过自动切换三通连接。主通风机和备用通风机的电源取自同时带电的不同母线段的相互独立的电源，保证主通风机故障时，备用通风机正常工作。该阶段平导进行排放瓦斯和揭煤施工，必须加强通风，容易产生瓦斯积聚的地方通过安装空气引射器或局扇来消除瓦斯积聚。

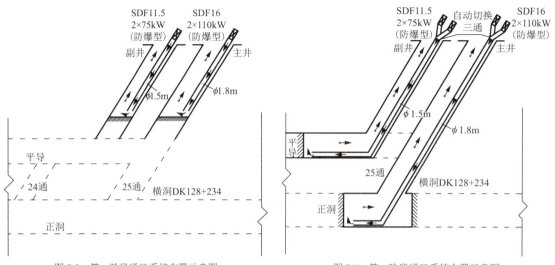

图 7-3　第一阶段通风系统布置示意图　　　　图 7-4　第二阶段通风系统布置示意图

3）第三阶段

横洞主井和出口之间的正洞贯通，且横洞平导工作面穿过煤层，通风系统布置如图 7-5 所示。风机全部放在主井正洞出口方向，风机进风口距主井井底的距离大于 50m，在主井正洞出口方向设两道风墙，两道风墙之间的间距大于运输车辆的长度。风墙上预留正反两道风门，以供车辆通行。风管和风墙相交处用同直径的铁皮风管代替，防止漏风。因正洞断面较大，考虑到爆破冲击波的影响，风墙和风门要有足够的强度和密封性，防止爆破冲击波的破坏。

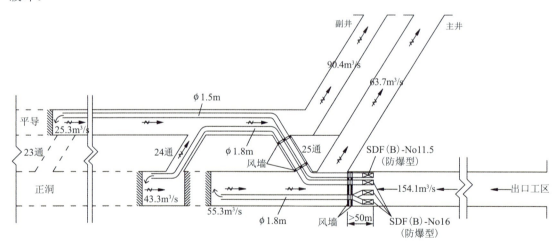

图 7-5　平导穿过煤层后的通风系统布置示意图

正洞和平导之间的 25 号横通道贯通，横通道设置两道风墙，风墙上预留正反两道风门，以供人通行。风管和风墙相交处用同直径的铁皮风管代替，防止漏风。

该阶段有两个正洞开挖面和一个平导开挖面，正洞开挖面采用 2×110kW 风机匹配 ϕ1.8m 风管送风，平导开挖面采用 2×75kW 风机匹配 ϕ1.5m 风管送风。主井正洞开挖面最长通风距离 700m，24 通新开正洞开挖工作面最长通风距离 1300m，平导工作面最远通风距离为 1500m。通风网络如图 7-6 所示。

图 7-6　通风网络图

（1）各段摩擦风阻和局部风阻计算

风阻由摩擦风阻和局部风阻两部分组成。经计算：

1-2 段风阻：$R_{(1-2)}$=0.000312；

2-4 段风阻：$R_{(2-4)}$=0.727178；

2-3′ 段（平导）风阻：$R_{(2-3′)}$=2.893121；

2-3 段（24 通新开正洞）风阻：$R_{(2-3)}$=1.074039；

3-4 段风阻：$R_{(3-4)}$=0.00486。

（2）通风网络解算

根据以上通风系统和设备配置情况，采用通风网络解算软件对通风系统进行网络计算，解算结果如图 7-7 所示。

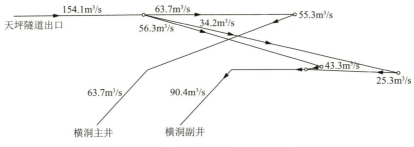

图 7-7　横洞工区通风网络解算结果图

根据网络解算结果，平导工作面最远通风距离为 1500m 时，采用 SDF$_{(C)}$-No11.5 型风机匹配 ϕ1.5m 风管，风机叶片角度 +3°、功率 2×75kW，风管出口风量 1518m³/min＞1131m³/min，满足通风要求。横洞主井正洞小里程工作面最远通风距离为 700m，采用 SDF$_{(B)}$-No16 型风机匹配 ϕ1.8m 风管，风机叶片角度 +6°、功率 2×110kW，风管出口风量 3318m³/min＞2264m³/min，满足通风要求。24 通正洞工作面最远通风距离为 1300m，采用 SDF$_{(B)}$-No16 型风机匹配 ϕ1.8m 风管，风机叶片角度 +6°、功率 2×110kW，风管出口风量 2598m³/min＞2264m³/min，满足通风要求。

（3）正洞出口段允许运行车辆台数计算

当平导或主井正洞小里程工作面出渣时，对出口正洞段运行的车辆进行管制，且正洞出口段运行车辆的台数不能超过计算数量。

①平导工作面出渣。

平导工作面非煤系地层段施工，内燃机械作业需风量为最大控制风量，需风量为 1131m³/min，风机实际送到工作面的风量为 1518m³/min，此时掌子面富余的风量为 387m³/min，富余的风量可以稀释正洞的出渣车或罐车等内燃机械的废气，平导风机的需风量占正洞总进风量的 22.1%，即正洞可以稀释废气的风量为 1759.1m³/min。经计算，当平导出渣时,允许出口正洞段运行的内燃机械设备总功率为586.4kW[按每台内燃机械需要的风量为3m³/(min·kW)],即允许运行的出渣车或罐车的台数为2.7辆。

②主井正洞小里程工作面出渣。

主井正洞小里程施工时,瓦斯涌出量需风量为最大控制风量,需风量为2264m³/min,内燃机械作业需风量为2262m³/min,风机实际送到工作面的风量为3318m³/min,此时掌子面富余的风量为1054m³/min,富余的风量可以稀释正洞的出渣车或罐车等内燃机械的废气,正洞小里程风机的需风量占正洞总进风量的41.3%,即正洞可以稀释废气的风量为2552.1m³/min。经计算,当主井正洞小里程出渣时,允许出口正洞段运行的内燃机械设备总功率为850.9kW[按每台内燃机械需要的风量为3m³/(min·kW)],即允许运行的出渣车或罐车的台数约为4辆。

③24通正洞工作面出渣。

24通正洞工作面施工时,内燃机械作业需风量为2262m³/min,风机实际送到工作面的风量为2598m³/min,此时掌子面富余的风量为336m³/min,富余的风量可以稀释正洞的出渣车或罐车等内燃机械的废气,24通正洞风机的需风量占正洞总进风量的36.5%,即正洞可以稀释废气的风量为920.5m³/min。当24通正洞工作面出渣时,允许出口正洞段运行的内燃机械设备总功率为306.8kW[按每台内燃机械需要的风量为3m³/(min·kW)],即允许运行的出渣车或罐车的台数为1.4辆。

本计算是在所有风机全功率运转的情况下进行计算的,如果实际通风过程中风机没有全功率运转,出口正洞段运行的内燃机械台数比以上计算的允许运行车辆台数还要少。

4)第四阶段

23通和25通之间的正洞贯通后,往平导方向供风的风机安装在平导大里程方向,距23通50m的位置;往正洞供风的风机安装在24通内,且在23通和24通之间安装一台55kW射流风机,副井进口位置安装一台55kW射流风机作为备用风机,通风系统布置示意图如图7-8所示,通过网络解算,平导总进风量为6480m³/min,平导风机所能提供的风量为2094m³/min,正洞风机所能提供的风量为3456m³/min。

平导工作面最远通风距离按1200m考虑,风管出风口风量为1644m³/min＞1131m³/min,满足通风要求。正洞工作面最远通风距离按1200m考虑,风管出风口风量为2712m³/min＞2264m³/min,满足通风要求。

5)第五阶段

新增加一台往21通新开正洞工作面供风的风机,安装在平导大里程方向,距23通50m的位置,此阶段还应增加两台55kW射流风机,分别安装在副井和平导内,通风系统布置如图7-9所示,通过网络解算,平导总进风量为10314m³/min,平导风机所能提供的风量为2022m³/min,23通正洞风机所能提供的风量为3456m³/min,21通新增正洞风机所能提供的风量为3444m³/min。

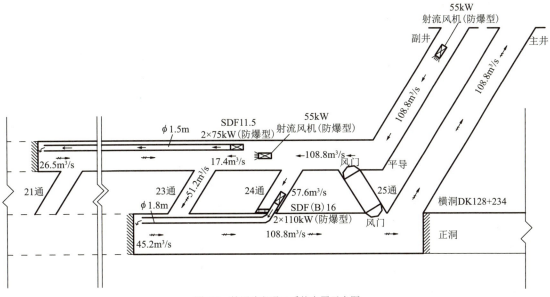

图 7-8　第四阶段通风系统布置示意图

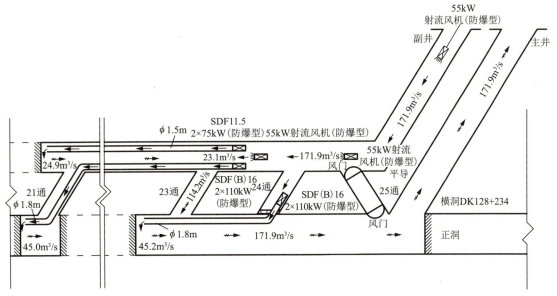

图 7-9　第五阶段通风系统布置示意图

平导工作面最远通风距离按 1500m 考虑，风管出风口风量为 1494m³/min ＞ 1131m³/min，满足通风要求。23 通正洞工作面最远通风距离按 1200m 考虑，风管出风口风量为 2712m³/min ＞ 2264m³/min，满足通风要求。21 通新增正洞工作面最远通风距离按 1200m 考虑，风管出风口风量为 2700m³/min ＞ 2264m³/min，满足通风要求。

6）第六阶段

24 通处的正洞风机、平导风机和射流风机移到 22 通平导大里程方向，距 22 通 50m 的位置，22 通正洞作业面由 23 通处的正洞风机供风，通风系统布置如图 7-10 所示。

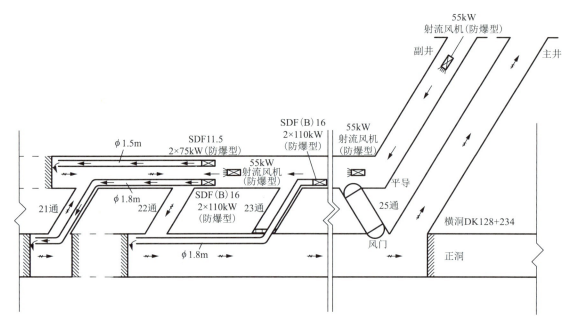

图 7-10 第六阶段通风系统布置示意图

7）第七阶段

仅有一个正洞作业面，正洞风机移到 20 通平导大里程方向，距 20 通 50m 的位置，通风系统布置示意图如图 7-11 所示。

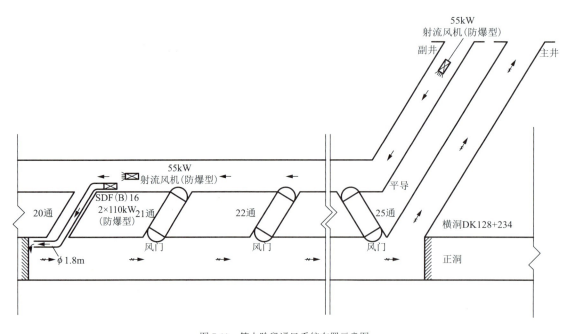

图 7-11 第七阶段通风系统布置示意图

7.3 风管布置对辅助坑道断面的要求

依据设计平导和横洞断面净空为 5.4m×5.6m(宽×高),该断面仅适用于有轨运输。目前,三分部横洞采用改装防爆型无轨出渣运输设备,为了保证车辆顺利通行,两路风管时,辅助坑道高度不应低于 6.2m;单路 1.8m 风管时,辅助坑道高度不应低于 6.0m,否则风管破坏严重,无法保证正常通风效果。对辅助坑道断面高度的要求见图 7-12。

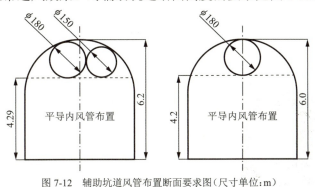

图 7-12　辅助坑道风管布置断面要求图(尺寸单位:m)

7.4 通风系统设备配置

必须配备 2 套同等性能的通风机,1 套使用,1 套备用,并经常保持良好的使用状态。通风设备配置见表 7-4。

某隧道通风设备配置表　　　　　　　　　　　　表 7-4

设备名称	规格型号	数　量	备　注
变频轴流风机	SDF-No16,110kW×2	3 台	使用 2 台备用 1 台,防爆
	SDF-No11.5,75kW×2	2 台	使用 1 台备用 1 台,防爆
射流风机	SSF-No16,55kW,6p	4 台	使用 3 台备用 1 台,防爆
PVC 软风管	φ1.8m	6000m	用于正洞通风,双抗
	φ1.5m	4500m	用于平导通风,双抗

7.5 揭煤时通风效果检测

该隧道施工通风的设计风速不应小于 0.25m/s，考虑到瓦斯涌出量，煤层地段施工期间正洞施工作业面最小需风量为 2264m³/min，正洞已成功揭开 C5 煤层，即将进入 C3 瓦斯揭煤阶段，有必要及时对通风情况进行检测。2015 年 4 月 15 日，对通风系统和隧道风速进行了检测。

本次仅对正洞通风系统进行了检测，正洞所配风机型号为 SFD-Ⅲ-13（2×132kW，非防爆型），风机厂家为山西巨龙，风管直径为 1800mm，通风距离约为 450m。

1）仪器、仪表

本次测试所用的主要仪器仪表有：KIMOMP-200 多功能差压仪 1 台、$\phi 4 \times 1500mmL$ 型毕托管 1 根，如图 7-13、图 7-14 所示。

图 7-13 KIMOMP-200 多功能差压仪图

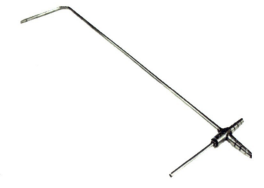

图 7-14 $\phi 4 \times 1500mmL$ 型毕托管图

2）检测方法

KIMOMP-200 多功能差压仪配合 $\phi 4 \times 1500mmL$ 型毕托管检测风管内的动压和全压，把直径 1500mm 的风管分成 4 个等面积的圆环，因毕托管长度小于风管直径，在沿着风管直径方向仅布置 8 个测点，每个测点测取 12 个数，然后对 96 个数据进行平均，得到风机或风管出风口的动压。测点的布置示意图如图 7-15 所示。

通过动压和风管断面积可以计算出风机出风口风量和风管出风口风量，通过风机出风口和风管出风口的风量可以计算出风管百米漏风率，通过风管出风口的风量和平导开挖断面积可以计算出回风风速。

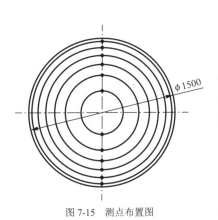

图 7-15 测点布置图

3）检测数据的处理

（1）风机出风口的动压

风机出风口共测 8 个点，距离风机出风口 25m，每个点 12 个数据，风机出风口测得动压见表 7-5。

风机出风口动压　　　　　　　　　　表 7-5

点　位	测点距管壁的距离（mm）	日期/时间	动压（Pa）
1	212.6	2015-04-15　10:15	135.8
2	319.1	2015-04-15　10:16	147.6
3	450.0	2015-04-15　10:17	143.4
4	640.2	2015-04-15　10:18	158.7
5	1159.8	2015-04-15　10:20	160.5
6	1350.0	2015-04-15　10:21	152.3
7	1480.9	2015-04-15　10:22	148.9
8	1587.4	2015-04-15　10:23	—
平均值			149.6

（2）风管出风口的动压

风管出风口共测 8 个点，距离出风口大约 25m，每个点 12 个数据，风管出风口测得动压见表 7-6。

风管出风口动压　　　　　　　　　　表 7-6

点　位	测点距管壁的距离（mm）	日期/时间	动压（Pa）
1	212.6	2015-04-15　10:32	105.3
2	319.1	2015-04-15　10:34	103.4
3	450.0	2015-04-15　10:35	108.9
4	640.2	2015-04-15　10:37	136.5
5	1159.8	2015-04-15　10:38	149.6
6	1350.0	2015-04-15　10:39	158.4
7	1480.9	2015-04-15　10:40	103.2
8	1587.4	2015-04-15　10:41	—
平均值			123.6

（3）大气压

2015 年 04 月 15 日，所测大气压力为 945hPa。

（4）空气温湿度

空气温湿度分别为 15.5℃和 78%。

（5）空气密度

根据测得的大气压力、空气温湿度，计算出空气密度为 1.1218kg/m^3。

4）检测结果

正洞通风距离约为 450m，各项检测结果与设计对比见表 7-7。

某隧道横洞工区正洞通风系统检测结果与设计对比　　　表 7-7

标准类型	测 定 参 数			
	风机出风口风量（m³/min）	风管出风口风量（m³/min）	风管百米漏风率（%）	回风风速（m/s）
设计值	3063	2264	2	0.25
实际值	2481.4	2255.6	2	0.31

经测试，风机出风口的风量为 2481.4m³/min＜3063m³/min，风管出风口的风量为 2255.6m³/min＜2264m³/min，百米漏风率为 2%，风管出风口的风量略小于设计风量，但掌子面回风风速满足了设计要求的风量，正洞马上将进行 C3 煤层的开挖，在放炮后应保证风机处于两级高速挡位，方可满足正常揭煤时通风的要求。

7.6 瓦斯监测技术

瓦斯事故防治是瓦斯隧道施工中的一个极其重要的安全问题，一般采用加强通风、加强瓦斯监测、采用防爆机电设备、严格管理火源等措施来防止瓦斯爆炸。瓦斯监测是贯彻"安全第一，预防为主"安全生产措施的重要体现，在瓦斯隧道施工中，瓦斯监测是施工安全的基本保障。

7.6.1 瓦斯安全监测系统的布置与设计

1）瓦斯监测系统的选择

成立瓦斯通风监控、检测的组织机构，对隧道内的空气温度、瓦斯浓度、风速、一氧化碳浓度和风机开停状况实时监测。由于为瓦斯突出工区，故选用人工检测和安全监测系统两种形式相结合的方式，两种监测结果相互印证，确保施工安全。瓦斯检测方法如下。

（1）人工检测

配备专职的瓦斯检测员检查隧道各工作面瓦斯情况，瓦斯检测员配备的检测仪器为便携式甲烷检测报警器和光干涉甲烷测定器，定期巡检选用的仪器设备为一氧化碳、二氧化氮、硫化氢、二氧化硫等气体检测仪，施工中如发现有以上气体，每班按照瓦斯的检测频次对该种气体进行检测。仪器性能见表 7-8。

人工瓦斯检测仪器性能表　　　表 7-8

仪 器 名 称	型　　号	检测项目	测量范围	误　　差
甲烷检测报警器	AZJ-2000	CH₄	0～1.00%	±0.10%
			＞1.00%	真值的 ±10%

续上表

仪器名称	型号	检测项目	测量范围	误差
光干涉型甲烷测定器	CJG10	CH_4 CO_2	0～10.00%	±0.05%（0～1） ±0.1%（>1～4） ±0.2%（>4～7） ±0.3%（>7～10）
一氧化碳气体检测仪	T40	CO	0～2000ppm	—
二氧化氮气体检测仪	GasBadgePlus-NO_2	NO_2	0～150ppm	—
硫化氢气体检测仪	T40	H_2S	0～1000ppm	—
二氧化硫气体检测仪	GasBadgePlus-SO_2	SO_2	0～150ppm	—
二氧化碳气体检测仪	AQ100	CO_2	0～5000ppm	—

（2）自动监测

安全监测系统的功能：监测系统能集通风安全、环境监测和生产监测监控于一体，既能监测CH_4、CO、CO_2、O_2、H_2S、粉尘、温湿度、风速等环境参数，又能监测水仓水位，主扇、局扇、射流风机各种机电设备开停等生产参数和电压、电流、功率等电量参数，以及综合监控各种机电设备的运行情况，具有很好的联网扩展功能。

安全监测系统的原理：中心站主控计算机连续不断的轮流与各个分站进行通信，控制主机对每个分站询问后，该分站立即将接收到的各测点信号传给主控计算机，各个分站又不停地对收到的各传感器信号进行检测交换和处理，等待主控计算机的询问，以便把检测的参数送到地面。需要对隧道内的设备进行控制时，主控计算机将控制命令与分站巡检信号一起传给分站，再由分站输出信号控制设备动作。主控计算机将接收到的实时信息进行处理和存盘，并通过本机显示器、大屏幕等显示出来。也可通过打印机打印各种报表、绘制各种图表和曲线等。

目前比较常用的KJ系列自动监测系统，该系统是集国内外煤矿监控技术优势并针对我国煤矿现状而开发的一套软、硬件结合的全矿井安全生产综合监控系统。具有功能齐全、软件丰富、可靠性高、操作使用方便、配置灵活、经济实用等特点，可全面监控矿井上下各类安全、生产及电力参数，可汇接多个安全与生产环节子系统，适用于各类大、中、小型及地方煤矿使用。

KJ系列煤矿综合监测监控系统由以下几部分组成：监控计算机、计算机网络及监控软件、传输接口及传输通道、供电电源及分站、各种传感器及执行器。如图7-16所示。

①监控计算机：监控计算机安装WindowsXP操作系统和KJ70监控专用软件。监控计算机通过传输接口向分站发送配置、巡检、控制等命令，接收分站返回的传感器数据、控制结果，同时完成数据的更新处理、存储、报表打印等功能。网络的功能是将分站的数据在局域网上传输到其他部门，以最大限度地监测数据。

②传输接口：将计算机非本安的232口的信号转换成可与分站进行运算及通信的本安485或其他信号，主要起隔离、驱动的作用。

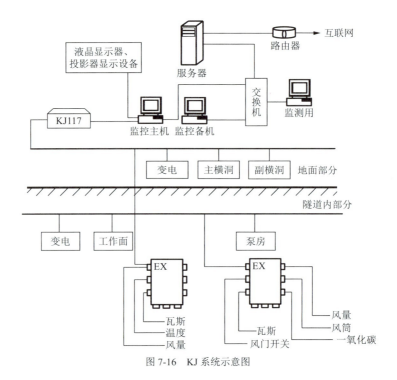

图 7-16　KJ 系统示意图

③分站：分站有时也叫控制主机或数据采集站，它的主要作用是采集传感器的信号，并进行运算处理，同时通过主传输电缆和传输接口与地面计算机交换数据。分站同时也根据采集的数据或地面计算机的指令完成各种控制功能。

④传感器：传感器是监测系统的感官，它将甲烷、风速、一氧化碳、温度、设备运行状态等物理量转换成标准的电信号（最常见的是 200～1000Hz 频率信号，1～5mA 电流信号）供分站采集，传感器的工作电源通过分站提供，也可由电源直接提供。

⑤本安电源：本安电源是将井下 127V、380V、660V 交流电转成本安直流电源输出，给分站及传感器提供电源。

2）监控系统的布置与设计

（1）信息传输系统的电缆选用与布置要求

监测系统传输电缆要专用，不能与井下通信电缆合用，以提高可靠性。

监测系统中井下设备所使用的电缆应具有不延燃性能。

监测系统中各设备之间的连接电缆需加长或分支连接时，被连接电缆的芯线应采用盒线或具有盒线功能的装置用螺钉压接或插头插座插接。不得采用电缆芯线导体的直接搭接或绕接的方式。

具有屏蔽层的电缆，其屏蔽层不宜用作信号的有效通路。在用电缆加长或分支连接时，相应电缆之间的屏蔽层应具有良好的连接，而且在电器上连接在一起的屏蔽层一般只允许一个点与大地相连。

所有传输系统直流电源和信号的电缆尽量与电力电缆延巷道两侧敷设，若必须在同一侧平行敷设时,它们与电力电缆的距离不宜小于 0.5m。

（2）传感器的布置安装要求

传感器距顶板（顶梁）不得大于 300mm,距巷道侧壁不得小于 200mm。工作面甲烷传感器距工作面距离不大于 5m。

传感器应布置在巷道的上方,并应不影响行人和行车,防止机械损伤,同时方便安装维护。

开挖工作面甲烷传感器放炮时应移到安全防护地点,放炮后移回。

传感器与系统电缆相互连接,须按出厂说明书执行。

（3）地面中心站的布置要求

中心站必须具备交流稳压电源以确保设备正常稳定工作。

中心站必须具备 UPS 电源,以确保监控设备（如工控机、打印机、数据传输接口等）在停电之后能持续工作（不小于 6h）。

监控系统必须具备双机备份的功能,即一台主机,一台副机。当主机出现故障时,副机能够在 5min 内自动投入使用。

中心站必须安装打印机,便于打印报表数据及其他数据。

监控系统应安装宽带网络功能,便于项目部、局机关进行网络监控。

中心站可根据客户需要,安装投影、大屏幕或模拟盘等显示设备或多屏显示系统。

中心机房应有良好的接地和全面的避雷措施。

监控系统应有局域网,在经理、总工、通风监测室等部门应安装计算机终端,共享监测主机的数据。

根据实际情况需要,中心站内应安装空调、防静电地板等辅助设备。

中心站能遥测和记录所有瓦斯传感器的数据。

联网主机应装备防火墙等网络安全设备,必要时通过修改计算机注册表、组策略、本地安全策略等,关闭计算机中一些不必要的服务或端口。

3）某隧道瓦斯监测系统布置

安全监测系统在某隧道横洞工区的布置分四个阶段,各阶段的布置均有风电闭锁及瓦斯电闭锁功能。

第一阶段:主副井同时开挖,主副井开挖到井底之前,系统布置如图 7-17 所示。

第二阶段:开挖进入平导和正洞,直至正洞和平导过完煤层,系统布置如图 7-18 所示。副井与平导交叉口的上隅角安装一甲烷传感器。主井与正洞交叉口处,由于两断面突变,容易产生瓦斯积聚,此处安装一甲烷传感器。正洞模板台车处容易产生瓦斯积聚,在台车的迎风向装瓦斯、一氧化碳和温度传感器各一台,传感器随模板台车的前移而移动。同时,随着工作面开挖的推进,回风距离过长,回风段每隔 500～1000m 安装一甲烷传感器。同时,根据《煤矿安全规程》要求,突出煤层的掘进巷道长度及工作面走向长度超过 500m 时,必须在距离工作面 500m 范围内建设临时避难洞室,避难洞室内必须安装瓦斯传感器、温湿度传感器、氧气传感器、一氧化碳传感器、二氧化碳传感器、压力传感器。

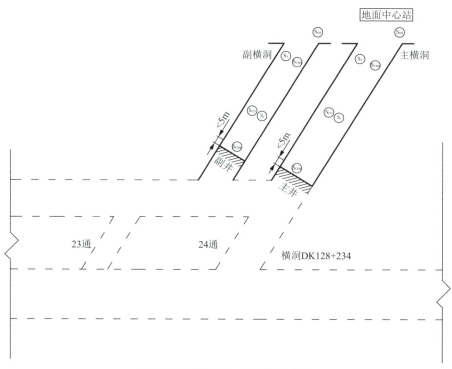

图 7-17　监测系统第一阶段系统布置图

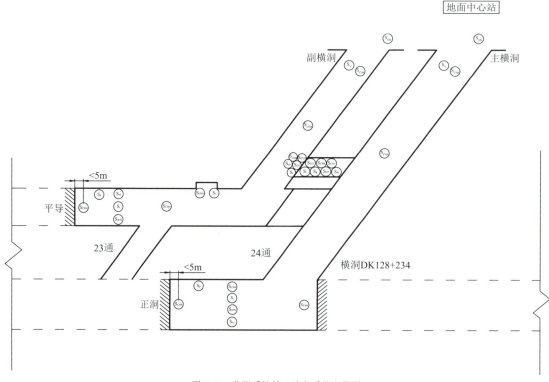

图 7-18　监测系统第二阶段系统布置图

第三阶段：当正洞和平导之间通过 23 横通道连通之后，系统布置如图 7-19 所示。平导和正洞回风区风流混合处设置甲烷传感器。局部通风机入风口处设置甲烷传感器一台，以保证风机入风口瓦斯浓度不高于 0.5%。

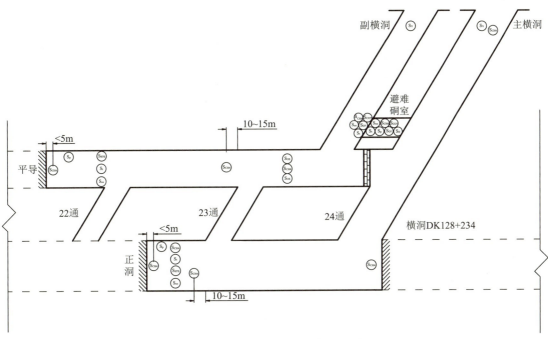

图 7-19 监测系统第三阶段系统布置图

第四阶段：随着正洞的掘进，回风距离越来越长，此时，正洞和平导内每隔 500～1000m 装设一甲烷传感器。23 通处安装风门开关传感器。系统布置如图 7-20 所示。

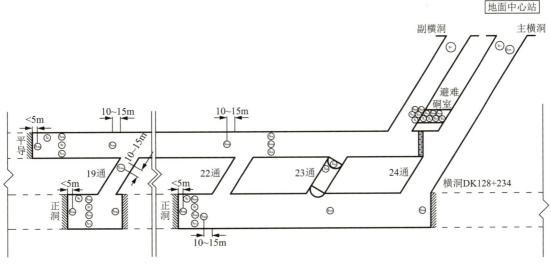

图 7-20 监测系统第四阶段系统布置图

7.6.2 瓦斯监测的实施及处理

1）监测实施

瓦斯检测采用人工检测和安全监测系统两种手段。人工检测瓦斯时，报警点定为0.5%；安全监测系统监测时，报警点设为0.5%，断电点设置为0.8%（局部风机处设置为0.5%）。

当瓦斯自动监测系统报警时，瓦检员通知通风人员将风机转速提高，加大风机供风量；同时瓦检员加强对报警点及附近20m的瓦斯浓度检测，当瓦斯浓度继续增大且不大于0.8%时，瓦检员通知报警地点作业人员加强警戒；当瓦斯浓度上升较快并迅速超过0.8%时，安全监测系统断电装置断电，施工负责人安排该工作面工作人员立即撤出洞外（撤离示意图如图7-21所示），恢复正常通风后，对断电区内的机电设备进行检查，证实完好后，方可人工复电正常施工。同时瓦检员加大对该工作面瓦斯浓度的检测频率，密切注意瓦斯浓度的变化。

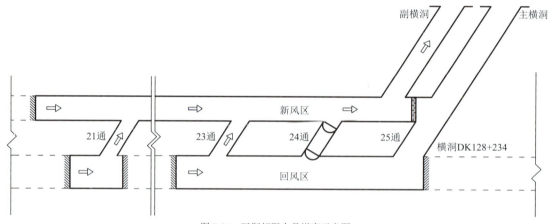

图 7-21　瓦斯超限人员撤离示意图

当瓦检员携带的便携式瓦斯检测仪报警，瓦斯浓度达到0.8%时，应立即通知该工作面施工负责人，该处立即停工撤人，切断超限区域电源，并及时通知通风人员加强通风。若是局部瓦斯积聚的地点瓦斯检测仪报警，瓦斯浓度未达到0.8%，瓦检员通知通风人员对该地点加强通风（采取空气引射器吹散等措施），并继续加强瓦斯检测，瓦检员通知报警地点作业人员加强警戒，同时应绝对避免火源的产生；当局部瓦斯积聚的地点瓦斯浓度大于0.8%时，瓦检员通知该工作面的施工负责人，该地点及附近20m立即停工，并切断该处电源，撤出工作人员，同时通知通风人员加强通风措施，瓦检员加强瓦斯浓度的检测。

因特殊原因停工，工地复工时，瓦检员携带光干涉甲烷测定器和便携式甲烷报警仪由洞口往隧道工作面方向检测，保证瓦斯浓度在安全范围内的情况下，逐步开启洞口至局扇范围内的射流风机，然后开启局部通风机。通风足够时间后，瓦检员检测隧道内瓦斯浓度无危险的情况下，其他人员方可进洞施工。

当2台瓦斯检测仪对瓦斯浓度检测结果不一致时，以浓度显示值高的为准。瓦检员应在8h内将瓦斯检测仪器送技术室校准。瓦检员应当加强对便携式瓦斯检测仪的充电与维护管理工作,使用前必须检查便携式瓦斯检测仪的零点是否漂移过大和电压欠压。零点漂移过大或电压欠压的瓦斯检测仪,不得使用。零点漂移过大的瓦斯检测仪需及时送技术室校准。瓦检员做好人工瓦斯检测记录,瓦斯检测结果及时上报,并在检测地点的瓦斯警示牌上公布。

2)瓦斯监测数据的分析

(1)隧道瓦斯监测数据分类

不同地质和监测环境的瓦斯监测数据具有不同的特点,对隧道瓦斯监测数据的处理,必须针对其数据特点,选择合适的方法。结合测点的布置,可对隧道瓦斯监测数据进行如图7-22所示的分类。

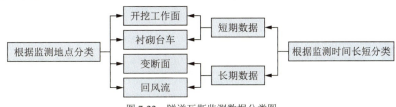

图7-22 隧道瓦斯监测数据分类图

按监测地点位置类型的不同,可分为开挖工作面处监测数据、衬砌台车处监测数据、变断面处监测数据和回风流监测数据四种;根据数据监测时间的长短可分为短期数据、长期数据。开挖工作面处监测数据与衬砌台车处监测数据属于短期监测数据,变断面监测数据与回风流监测数据属于长期监测数据。

开挖工作面处与衬砌台车处的短期监测数据,可以近似认为只受时间因素制约。因此,开挖工作面处与衬砌台车处的短期监测浓度序列数据可认为是时间的函数。开挖工作面处与衬砌台车处的短期监测数据,其数据特点类似于放炮后瓦斯动态。因此,开挖工作面处与衬砌台车处的短期监测数据提供的物理信息可类比放炮后瓦斯动态所提供的物理信息。

变断面处与回风流的长期浓度监测数据,受时间和空间双重因素的制约。在时间尺度上,浓度序列与隧道围岩中的瓦斯解析特性和瓦斯渗流途径有关;在空间坐标上,若把隧道看成一个不断延伸的 x 轴,则开挖工作面前方含煤的不均质性、开挖造成的围岩体破坏过程与裂隙产生和扩展过程的随机性,以及由此导致的含煤层的瓦斯压力和透气性系数的不均匀变化等,都将沿着 x 轴变化,对浓度序列值产生影响。

(2)影响瓦斯监测数据的环境特征因素

①放炮对隧道瓦斯浓度数据的影响。

放炮震动能改变瓦斯涌出的路径,致使围岩松动,有利于瓦斯的涌出。煤系地层段爆破作业后,岩层中吸附的瓦斯解析、逸散,是导致隧道瓦斯超限的主要原因。

②不同的监测环境对隧道瓦斯浓度数据的影响。

在不同的环境特征影响下,瓦斯爆炸事故发生的概率不同。隧道瓦斯监测的地点主要是开挖工作面处、衬砌台车处、变断面处和回风流四类,瓦斯涌出在不同的监测地点环境有不同的涌出和浓度特征。

开挖工作面处与衬砌台车处出现异常次数明显多于变断面处与回风流。

开挖工作面处与衬砌台车处有延迟的概率明显低于变断面处与回风流处有延迟的概率。

瓦斯浓度的变化速度及峰值大小与瓦斯释放通道的连通性和通风效果密切相关,某隧道横洞工区监测地点的瓦斯峰值浓度都持续时间较短,峰值浓度持续较短的次数比持续时间较长的次数多。

3)瓦斯超限时的处理措施

瓦斯超限时按表 7-9 的要求处理。

瓦斯浓度控制标准和瓦斯超限处理措施 表 7-9

序号	地 点	限值	超限处理措施
1	低瓦斯工区任意处	0.5%	超限处 20m 范围内立即停工,查明原因,加强通风监控
2	局部瓦斯积聚(体积大于 0.5m³)	2.0%	超限处 20m 范围内停工、断电、撤人,进行处理,加强通风
3	开挖工作面风流中	1.0%	停止电钻钻孔
		1.5%	超限处停工、撤人、断电,查明原因,加强通风等
4	工作面回风流中	1.0%	停工、撤人、处理
5	放炮地点附近 20m 风流中	1.0%	严禁装药放炮
6	煤层放炮后工作面风流中	1.0%	继续通风,不得进入
7	局扇及电气开关 10m 范围内	0.5%	停机、通风、处理
8	电动机及开关附近 20m 范围内	1.5%	停止运转、撤出人员、断电、进行处理
9	竣工后洞内任何处	0.5%	查明渗漏点,进行整治

以上为《铁路瓦斯隧道技术规范》控制标准,通过以往的施工和煤炭行业的管理经验,施工现场采用报警点 0.5%、断电点设置为 0.8% 的控制标准,局部通风机处仍采用 0.5% 停机、通风处理的措施,增加安全系数。

4)瓦斯积聚处理措施

在施工过程中,当瓦检员检测到瓦斯超限或放炮后瓦斯浓度超过安全范围,自动瓦斯监测系统已自动切断超限区内电源,系统仍能正常工作,这时根据系统提供的数据,采取措施进行处理。

(1)人员严禁进入超限区,采用变风量送风的方法控制进风量,逐步排出超限瓦斯,防止高浓度瓦斯压出。变风量送风的方法可以把风管接头的拉链拉开,通过改变接合缝隙的大小调节送风量,还可以在风管上捆上绳子,通过收紧或放松绳子调节送风量。

(2)排放瓦斯时,瓦检员在回风风流中经常检查瓦斯浓度,当瓦斯浓度小于 0.5% 时,减少送风量,确保洞内排出的瓦斯不超标。

(3)排放瓦斯时,要检测风机处的瓦斯浓度,防止产生污风循环。

(4)恢复正常通风后,对断电区内的机电设备进行检查,证实完好后,方可人工复电正常施工。

7.6.3 瓦斯监测系统可靠性分析

瓦斯监测系统能否正常运行,可靠度是多少,取决于组成系统的元器件和子系统的可靠度。

1)失效的可能性分析

(1)传感器

①高浓度瓦斯激活失效。试验证明,用0%～10%的气样与元件反应,元件表面温升近似呈线性增加。10%CH_4在检测元件上反应的温度约450℃,元件长期通过10%的气样,表面温度在1000℃以上。高温下,元件催化剂迅速挥发和烧结,晶粒变大,表面积减少,灵敏度显著下降。瓦斯浓度30%的气样与催化元件反应20min后元件破裂永久损坏。在高突瓦斯隧道中,元件经常受到高浓度瓦斯冲击。瓦斯隧道内试验证明,载体催化元件经常在3%CH_4以上的地点工作2个月就报废,而同类元件在1.0%CH_4的气体中可正常工作6个月以上。

②粉尘与水蒸气的影响。由于粉尘在检测元件表面吸附及与水蒸气凝结而形成的糊状混合物作用使检测精度显著降低。实践证明,在温度30℃、相对湿度96%的条件下,10d后灵敏度下降20%,40d后可下降50%。

③元件化学组分变化,中毒失效。载体催化元件长期工作在没有沼气的工作场所时,催化剂化学组分会发生变化。隧道空气中含有微量H_2S和SiO_2,即使其含量在ppm级,也可使元件灵敏度下降,或中毒失效。

(2)转换器

由传感器输出的各种信号要通过转换器转换成易于处理和传输的标准电信号。标准信号可以是模拟量、关开量和累计量。这种转换过程存在各种误差:装置误差与方法误差;基本误差与附加误差;系统误差与随机误差;绝对误差与相对误差。

虽然可以采取很多措施,如制定修正曲线、利用非线性元件补偿、计算机处理等对误差加以校正,但转换过程中的误差是必然存在的。

(3)信号传输设备

信号传输设备是整个系统信息传送媒体,它要保证如下几个指标:保证传输信号的可靠性;一对芯线要尽可能多传信息量;传输信息的速率要高;传输距离要远,大于10km。

过去由于传输模拟量,信号在传输过程中易受杂波干扰,要求采用高标准屏蔽电缆。近年来,由于互联网技术的普及,信号传输普遍采用执行TCP/IP协议的调制解调器,传输设备的可靠性大为提高。

(4)中心站

计算机系统可能出现的问题也不少,特别要防范计算机病毒的侵害。一旦病毒侵入,整个监控系统将会瘫痪,尽量避免主机联入互联网。

(5)电源

备用电源的可靠性也是个大问题。备用电源主要有分站配置的隔爆兼本安不间断电源和中心站配置的 UPS 电源。分站配置的不间断电源在电网断电后供电时间不能小于 2h。中心站配置的 UPS 电源在电网断电后供电时间不能小于 4h。

(6) 管理问题

在我国许多隧道装备了瓦斯监测监控系统以后,瓦斯事故仍频繁发生,除了前面分析的瓦斯监测系统的固有可靠性以外,多数的失效原因在于使用可靠性。许多煤矿在按照有关部门的要求配备了监测系统后,却无专业人员管理,在地方和乡镇煤矿中,这种现象相当普遍。常常是传感器失效或传输线缆被砸断以后,很长一段时间内无人过问,使瓦斯监测系统不能发挥应有的作用。

由于瓦斯监测系统的专业性和复杂性,许多煤矿企业的领导、专业管理部门及一些监察机构的人员,也不能深入地了解瓦斯监测系统的性能和使用方法,不能及时地发现问题。这也使得瓦斯监测系统不能可靠地运转。

2) 提高安全监测系统可靠性的方法

(1) 在可靠性理论指导下可以进一步提高瓦斯监测系统的可靠性

瓦斯监测系统的可靠性,取决于元件质量、设备制造工艺水平、系统配置、安装调试、维护检修等多个环节,并受可靠性理论支配。可以在可靠性理论指导下采取措施,进一步改进瓦斯监测系统的可靠性。

(2) 瓦斯监测系统尚不能完全监测威胁安全生产的因素

目前瓦斯监测系统在煤与瓦斯突出方面,研制了一些监测仪器和方法,并已经可以做到一定程度的预测预报,但尚不能完全监测威胁安全生产的因素。因此,将煤与瓦斯突出的预测预报纳入瓦斯监测系统的工作范围,还需要时间验证。

(3) 加强瓦斯监测系统的使用管理

大量的事故原因分析表明,发生安全事故大都是使用方面的问题。但监测系统可靠性同样重要。在安全、生产中发挥作用的大小,不应单单取决系统本身可靠性大小,还取决于管理水平的高低,加强瓦斯监测系统的管理是提高监测系统可靠性的一项十分重要的内容。因此要认真抓组织机构的落实,人员素质的提高,各种制度的健全和质量标准化,并能严格执行,因此管理和执行方面也是瓦斯监测的重点。

(4) 正确认识瓦斯监测系统的作用

瓦斯监测系统不是万能的,不能认为有了监测系统就万无一失了。安全生产是瓦斯隧道系统运行状态的表现。如果生产管理混乱、违章指挥、违章作业现象经常出现,再现代化的监测仪器也不能保证不出事故。因此,首先应维持系统的良性运行,在此基础上再配备必要的瓦斯监测系统,以保证安全生产。

7.6.4 仪器的校验与维护

1) 校验

所有报警器、传感仪、测定仪均应每天调校一次,每半年送专业机构检定一次,合格后方可使用,确保仪器准确、灵敏、可靠。

2) 维护

(1)安全监测系统维护人员必须24h值班,每天检查安全监控系统及电缆的运行情况。使用便携式甲烷检测报警仪与甲烷传感器进行对照,并将记录和检查结果报地面中心站值班员。当两者读数误差大于允许误差时,先以读数较大者为依据,采取安全措施,并必须在8h内将两种仪器调准。

(2)管理人员发现便携式甲烷检测报警仪与甲烷传感器读数误差大于允许误差时,应立即通知通风监测室进行处理。

(3)装运设备上安装的机(车)载断电仪,由司机负责监护,并应经常检查清扫,每天使用便携式甲烷检测报警仪与甲烷传感器进行对照,当两者读数误差大于允许误差时,先以读数最大者为依据,采取安全措施,并立即通知通风监测室,在8h内将两种仪器调准。

(4)开挖工作面设置的甲烷传感器在放炮前应移动到安全位置,放炮后应及时恢复设置到正确位置。对需要经常移动的传感器、声光报警器、断电执行器及电缆等,由安全监测系统维护人员负责按规定移动,严禁擅自停用。

(5)隧道内安全使用的分站、传感器、声光报警器、断电控制器及电缆等由安全监测系统维护人员负责管理和使用。

(6)传感器经过调校检测误差仍超过规定值时,必须立即更换;安全测控仪器发生故障时,必须及时处理,在更换和故障处理期间必须采用人工检测等安全措施,并填写故障记录。

(7)低浓度甲烷传感器经大于$4\%CH_4$的甲烷冲击后,应及时进行调校或更换。

(8)电网停电后,备用电源不能保证设备连续工作1h时,应及时更换。

(9)使用中的传感器应经常擦拭,清除外表积尘,保持清洁。开挖工作面的传感器应每天除尘;传感器应保持干燥,避免散水淋湿;维护、移动传感器应避免摔打碰撞。

3) 报废

安全测控仪器符合下列情况之一者,可以报废:设备老化、技术落后或超过规定使用年限的;通过修理,虽能恢复精度和性能,但一次修理费用超过原价80%以上,不如更新经济的;严重失爆不能修复的;遭受意外灾害,损坏严重,无法修复的;国家或有关部门规定应淘汰的。

4) **安全监控系统及联网信息处理**

(1)地面中心站必须24h有人值班。值班人员应认真监视监视器所显示的各种信息,详细记录系统各部分的运行状态,填写运行日志,打印安全监控日报表,报主要负责人和技术负责人审阅。

(2)系统发出报警、断电、馈电异常信息时,中心站值班人员必须立即通知现场安全监测系统维护人员,查明原因,并按规定程序及时上报。处理结果应记录备案。

(3)安全监测系统维护人员接到报警、断电信息后,应立即向现场领工员汇报,同时按规定指挥现场人员停止工作,断电时撤出人员,处理过程应记录备案。

(4)当系统显示隧道内某一区域瓦斯超限并有可能波及其他区域时,中心站值班员应按瓦斯事故应急预案手动遥控切断瓦斯可能波及区域的电源。

7.6.5 瓦斯监测资源的配置

1）组织机构

成立专职的瓦斯监测中心，监测中心由具有丰富检测经验、取得相关资质、分析能力强的技术人员担任组长，成员由经培训考核合格的人员组成，并配备先进的瓦斯检测及监测设备。瓦斯监测工作组织机构见图7-23。

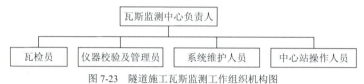

图7-23 隧道施工瓦斯监测工作组织机构图

2）人员配置

瓦斯监测中心负责人：2人；

仪器调校人员：2人；

系统维护人员：3人；

瓦检员：按三班制配置；

中心站操作人员：按三班制配置。

第 8 章

瓦斯隧道施工设备

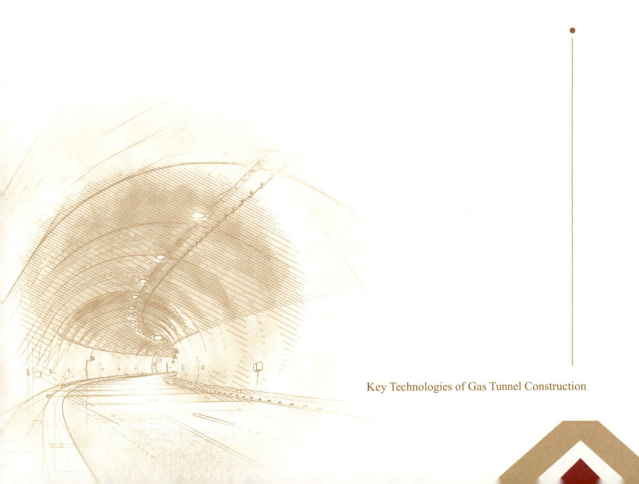

Key Technologies of Gas Tunnel Construction

Key Technologies of Gas Tunnel Construction

我国隧道施工运输方式一般采用有轨和无轨运输两种方式。有轨运输就是铺设小型轨道，一般用蓄电池电机车牵引窄轨矿车进行材料及矿渣的运输，它适用于大断面开挖的隧道，更适用于小断面开挖的隧道，尤其适用于较长的隧道运输（3km以上），是一种适应性较强和较为经济的运输方式；无轨运输就是用各种无轨运输车进行材料及矿渣的运输，其特点是机动灵活，不需要铺设轨道，能适用于弃渣场离洞口较远和道路坡度较大的场合，其缺点是由于多采用内燃机驱动，作业时在整个洞中排出废气，污染洞内空气，故一般适用于大断面开挖和中等长度或短隧道中，同时需加强通风。目前，我国绝大多数隧道施工都采用无轨运输方式，这种方式在短隧道施工运输中显示了很大的优越性。

有轨运输能减轻通风压力，节约能源。无轨运输施工不仅要在放炮后及时通风，更主要的是要在出渣阶段不停地通风。有轨运输以电源作动力，避免了无轨运输使用内燃机械所产生的一氧化碳及氮化物对人体的危害，改善了施工环境，减少对环境的污染。无轨运输节约场地，各工序施工能同时进行。有轨运输机械庞大，占用空间也大。

当然有轨运输还有不足之处，主要表现在初期的投入比较大，短期效益回收缓慢，维持正常运转的保证体系庞大，需要良好的设备管理水平、操作水平及多工种协调配合工作；而无轨运输体系则具有灵活多变的特点，能够随着工程进度的需要进行调整，只需通过增加或减少机械的投入数量即可完成。

因此，在瓦斯隧道的施工过程中，由于瓦斯危险的不确定性、运输工序转换的复杂性、设备投入的经济性，在瓦斯隧道更倾向于采用防爆设备。但瓦斯隧道施工运输方式的选择不能单纯地照搬相关规范"高瓦斯和瓦斯突出隧道施工机械设备，必须采用电动机械、有轨运输及其配套的施工机械""高瓦斯工区的电气设备和作业机械必须使用防爆型"。目前，不管在实际的瓦斯隧道施工过程中还是在高瓦斯的矿井中，都已经成功应用了无轨运输技术，瓦斯隧道施工运输方式的选择不能单纯地照搬相关规范，是否能采用无轨运输、是否全面采用防爆设备或能否使用改装的防爆设备，取决于实测的瓦斯浓度的大小、瓦斯工区区段的长度、通风效果的好坏、瓦斯自动监控系统是否准确无误，因此，对长大瓦斯隧道采用无轨运输换装在工程建设领域越来越受关注。

8.1 设备配套原则

8.1.1 相关规定

《煤矿安全规程》中第三百四十七条明确规定:"在高瓦斯矿井进风(全风压通风)的主要运输巷道内,应使用矿用防爆特殊型蓄电池电机车或矿用防爆柴油机车,如果使用架线电机车,必须遵守一些特殊规定;掘进的岩石巷道中,可使用矿用防爆特殊型蓄电池电机车或矿用防爆柴油机车;瓦斯矿井的主要回风巷和采区进、回风巷内,应使用矿用防爆特殊型蓄电池电机车或矿用防爆柴油机车;煤(岩)与瓦斯突出矿井和瓦斯喷出区域中,如果在全风压通风的主要风巷内使用机车运输,必须使用矿用防爆特殊型蓄电池电机车或矿用防爆柴油机车。"

隧道施工运输设备大多情况下是在回风流内行驶,有部分挖装设备集中在开挖面工作,而隧道施工与煤矿生产中的掘进巷道施工十分相似,并且隧道掘进大多是在岩石巷道中,有个别情况会短区段穿越煤层或采空区,所以从《煤矿安全规程》中的规定来看,高瓦斯隧道可以采用矿用防爆特殊型蓄电池电机车或矿用防爆柴油机车。

矿用防爆柴油机车属有轨运输设备,只是《煤矿安全规程》中第三百五十条规定采用矿用防爆型柴油动力装置时应遵守下列规定:

(1)排气口的排气温度不得超过70℃,其表面温度不得超过150℃。

(2)排出的各种有害气体被巷道风流稀释后,其浓度必须符合本规程第一百条的规定。

(3)各部件不得用铝合金制造,使用的非金属材料应具有阻燃和抗静电性能。油箱及管路必须用不燃性材料制造。油箱的最大容量不得超过8h的用油量。

(4)燃油的闪点应高于70℃。

(5)必须配置适宜的灭火器。

从上述规定可以看出,矿用防爆柴油机车实现了整机防爆,即以柴油机为动力的设备能够实现整机防爆,那么无轨柴油机械设备也应该能够实现整机防爆,如果满足《煤矿安全规程》的上述规定,那么高瓦斯隧道采用无轨运输方式施工是可行的。

《铁路瓦斯隧道技术规范》(TB 10120—2002)明确规定:"隧道内非瓦斯工区和低瓦斯工区的电气设备与作业机械可使用非防爆型,其行走机械严禁驶入高瓦斯工区和瓦斯突出工区;隧道内高瓦斯工区和瓦斯突出工区的电气设备和作业机械必须使用防爆型。"

《公路隧道施工技术规范》(JTG F60—2009)16.6.7 条中的规定与《铁路瓦斯隧道技术规范》(TB 10120—2002)相同。《公路隧道设计规范》对瓦斯隧道机电设备未进行特殊要求。

《铁路隧道施工规范》(TB 10204—2002)14.1.5 条中规定:"高瓦斯和瓦斯突出隧道施工机械设备,必须采用电动机械、有轨运输及其配套的施工机械。"但是 2009 年 2 月 25 日,铁道部发布的铁建设〔2009〕23 号文件中废止了《铁路隧道施工规范》(铁建设〔2002〕24 号),

开始采用《铁路隧道工程施工技术指南》(TZ 204—2008)指导铁路隧道施工,而《铁路隧道工程施工技术指南》(TZ 204—2008)中也只针对"设备防爆"给出了具体要求,针对"有轨运输"和"无轨运输"没有再提及。

8.1.2 配置原则和配置方案

1)瓦斯隧道无轨防爆运输技术现状

随着铁路、高速公路建设的快速发展,穿越煤系地层、遭遇瓦斯的隧道越来越多,如株六铁路复线的新岩脚寨隧道、南昆铁路的家竹箐隧道、内昆铁路的朱嘎隧道、水柏铁路的发耳隧道、宜万铁路的野三关隧道、合武铁路的红石岩隧道、广鋈高速的华蓥山隧道、都汶高速的紫坪铺隧道,在过去一段时间由于受技术条件限制,运输方式一般采用有轨运输,但近5年来,随着技术进步、防爆运输设备的性能不断改善、瓦斯监测及隧道通风水平的提高,在施工组织设计编制中考虑到无轨运输方式在国内诸多长大瓦斯隧道已有成功施工的经验,为提高隧道施工效率,确保工期,通过采用系统的通风方案设计、对洞内施工机械的防爆改装、瓦斯的自动监测和人工检测等措施,将有轨运输方式改为无轨运输方式,无轨运输技术在高瓦斯隧道中逐步得到广泛应用。我们统计了2000年以来国内部分高瓦斯隧道的运输方式,见表8-1。

国内部分高瓦斯隧道运输方式对比表 表8-1

序号	隧道名称	隧道长度(m)	线名	线别	瓦斯类型	运输方式	施工时间
1	朱嘎	5194	内昆线	单线	煤层瓦斯	有轨	2004—2006
2	大巴山	10658	襄渝线	单线	煤层瓦斯	有轨	2005—2009
3	天台寺	3006	达成线	双线	天然气	有轨	2007—2008
4	云顶	7858	达成线	双线	天然气	有轨	2007—2009
5	乌蒙山一号	6451	六沾线	双线	煤层瓦斯	有轨	2007—2010
6	龙泉山二号	2324	成简快速	双洞	天然气	无轨	2009—2010
7	轩盘岭	5986	兰渝高铁	单洞双线	天然气	无轨	2009—2012
8	熊洞湾	6692	兰渝高铁	单洞双线	煤层瓦斯	无轨	2010—2013
9	图山寺	3216	兰渝高铁	单洞单线	天然气	无轨	2010—2013
10	梅岭关	8271	兰渝高铁	单洞双线	天然气	无轨	2010—2013
11	肖家梁	5215	兰渝高铁	单洞双线	天然气	无轨	2010—2013
12	大茶山	9956	沪昆客专	双线	煤层瓦斯	无轨	2011—2013
13	马家坡	3950	宜巴高速	双车道	煤层瓦斯	无轨	2011—2013
14	坪子上	6296	林织线	单车道	煤层瓦斯	无轨	2011至今
15	新且午	3878	六沾铁路	双车道	煤层瓦斯	无轨	2008—2012

从表8-1中可以看出,在高瓦斯隧道现场实际施工中,有轨、无轨运输方式均有使用,并有大量成功的实例。只要施工中通风良好、瓦斯不发生积聚,将瓦斯浓度控制在安全浓度范围以内,就不会出现瓦斯燃烧爆炸事故,两种运输方式均能满足高瓦斯隧道施工要求。在隧道中要实现无轨运输,涉及的主要施工机械设备包括装运设备、自卸车、搅拌运输车、装载机、轮胎式耙渣机等,因此需要对上述施工机械设备进行防爆改装后方能进洞施工。

2)电气设备

进入隧道内的电气设备如变压器、开关箱、电机、接线盒等必须采用防爆型。

8.2 无轨防爆设备改装技术

无轨运输模式基本上采用通用设备,以普通内燃机做动力的隧道施工机械(挖装、运输、混凝土搅拌运输车等)为非防爆型产品,在瓦斯环境中作业时,产生的火花和高温容易引发瓦斯爆炸事故。

在瓦斯隧道施工过程中,高温和火花是引起瓦斯事故的必要条件之一,要想保证机械设备施工的安全性,必须从源头上遏制火源或危险高温。根据调研显示,隧道作业机械的火花和危险高温主要来源于三个方面:内燃机运转时引起的排气管、增压器、照明灯具、机体等可能产生的高温及火花;电气火花(包括静电火花),如启动机启动的大电流引起电路的各部火花、发电机充电时的电路火花、电瓶端子和灯具的电流火花、各种可能短路或接触不良引起的电流火花等;机械火花如离合器装置、制动装置产生的机械火花。因此针对引起火源的原因,分别对内燃机进气系统、排气系统、非金属材料部位(如轮胎)、电气系统进行防爆改装,确保解决了引发火源的问题,以自卸汽车的防爆改装为例分别进行介绍。

自卸汽车主要组成部分:转向系统、驾驶室、车厢、车架、制动举升及液压系统、传动系统、动力系统、监控系统与电气等。如图 8-1 所示。

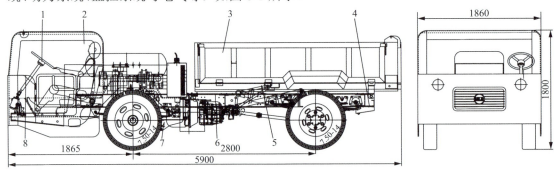

图 8-1 防爆改装部位构造组成图(尺寸单位:cm)

1-转向系统;2-驾驶室;3-车箱;4-车架;5-制动、举升及液压系统;6-传动系统;7-动力系统;8-监控系统与电气

其中动力系统由防爆柴油机、废气处理系统、进气系统、柴油机冷却系统等组成,如图 8-2 所示。

1)进气系统

主要安装进气控制阀,阻止发动机回火,并控制发动机超速时关闭发动机。进气系统由进气波纹管、进气防爆栅栏及空气滤清器组成。进气防爆栅栏是为了防止柴油机气缸可能返回火焰直接通向大气，火焰经它熄灭，不致引燃工作环境中的可燃气。

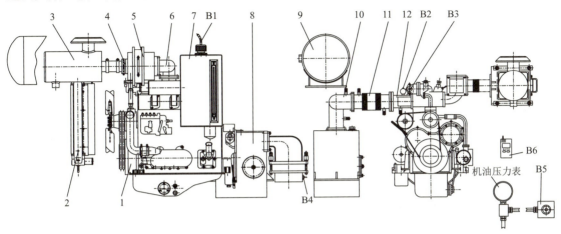

图 8-2 动力系统改装组成图

1-NC 柴油机；2- 散热器；3- 滤清器；4- 进气风门；5- 进气箱；6- 进气波纹管；7- 补水箱；8- 废气处理箱；9- 储气管；10- 排气管 1；11- 排气波纹管；12- 排气管 2；B1- 水位传感器；B2- 冷却水温传感器；B3- 表面温度传感器；B4- 排气温度传感器；B5- 机油压力传感器；B6- 瓦斯报警仪

2）排气系统

主要安装主冷却器、阻焰器、火花消除器，达到降低发动机排气温度、消除火焰、火花的目的。废气处理系统由水夹层排气管、水夹层波纹管、废气处理箱及补水箱等组成。

水夹层排气管、水夹层波纹管将柴油机排出的废气引入废气处理箱，其水夹层可起到降低排气温度及保证排气管表面温度不超过 150℃的作用，水夹层波纹管同时对废气处理箱的安装误差进行补偿。

废气处理箱采用层套式水冷却净化方式。柴油机排出的废气从进气口进入废气处理箱，经过层套式水洗冷却后，从防爆栅栏由排气管排出。废气处理箱的作用是进一步冷却和洗涤废气，清除炭烟及溶解废气中的部分有害气体，并经防爆栅栏熄灭废气中的火焰，以保证废气排放应符合煤标及排气安全。如图 8-3、图 8-4 所示。

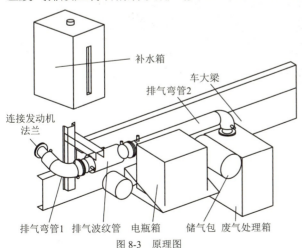

图 8-3 原理图

图 8-4 改装后效果图

3）电气系统

主要安装防爆发电机、防爆启动马达、防爆启动蓄电池、电器隔爆箱和控制开关等，控制发动机的运行和工作，其原理图如图 8-5 所示。

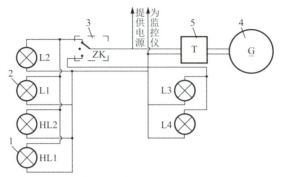

图 8-5　电气系统改造原理图

1-HL1、HL2 信号灯；2-HL1～HL2 照明灯；3-ZK 转换开关；4-G 发电机；5-T 调节器

（1）防爆发电机安装在柴油机上，为照明及监控装置提供电源。

（2）机车前、后各设置两照明灯，车尾设置两红色信号灯，如图 8-6 所示。

（3）监控及安全保护装置。

装置通电后，主机中的微型计算机通过传感器时温度、压力、水位等参数进行采样和运算，处理结果送显示电路进行显示，同时与设定值进行比较，如果符合条件，声光报警，距防爆控制盒讯响处 1m 远的声级 ≥ 80dB，在暗处的能见度 ≥ 3m。监控及安全保护装置如图 8-7 所示。

图 8-6　信号灯改装图

图 8-7　监控及安全保护装置图

MLR4110QFB 防爆柴油机配置 ZEB-15/24 防爆柴油机自动保护装置，具有排气温度、表面温度、冷却水温、机油压力、废气处理水位等 5 种保护，并配置便携式瓦斯检测报警仪，当各项保护超过设定值时，保护装置发出声光报警信号，在 1min 内自动停止柴油机工作。具有可靠性高，使用维护方便等特点。其电路原理如图 8-8 所示。

4）电源控制箱（矿用隔爆电源箱）

改装后结构如图 8-9 所示。

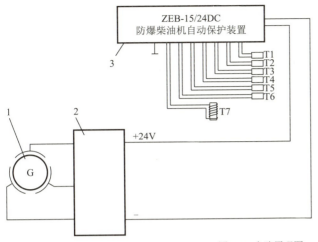

图 8-8 电路原理图

1- 隔爆型永磁发电机；2- 隔爆型发电机调节器；3- 防爆柴油机自动保护装置

5）非金属材料部位

仪表系统改装主要安装隔爆型电流表、水温表、机油压力表和油量表等控制仪表。控制系统改装主要安装发动机冷却水温检测阀和排气温度检测阀，一旦出现超温情况或其他影响发动机安全运行的情况，报警装置进行报警，并设有与进气控制阀相连的启动／紧急停机装置，可以在紧急情况下实现手动紧急停车。

6）防爆改装技术及参数设定

（1）发电机更换为符合国家安全监察规定的隔爆型发电机。

图 8-9 矿用隔爆电源箱

（2）把原机启动机，更换为隔爆型启动机。

（3）把蓄电池更换为阀控式维护铅酸蓄电池，电路中接线处各种操纵开关均安装于隔爆箱内。

（4）照明、信号等灯具均采用了防爆产品。

（5）对于容易产生静电积聚的非金属件采取了抗静电措施。

以上 1～5 项措施，消除了电气火花引燃周围可燃混合气的隐患。

（6）内燃机排气采用了补水箱式废气处理装置和夹层排气管道或绝热材料包封措施，同时在废气处理箱排气出口处设置了阻火栅栏，由于增设了上述装置，消除了排气引发的危险高温和排气火花，从而杜绝了引发爆炸的可能性。

由于采取了相应的措施和技术手段使内燃机表面温度控制在 ≤150℃，排气出口处排气温度控制在 ≤70℃ 的安全范围内。

（7）设备改装增设了 7 项自动保护设置。自动保护装置为浇封型。当机器运转中某一项超过设定安全值时,自动声光报警,延时 15～60s 内,自动停机,项目及安全设定值见表 8-2。

改装项目及安全设定值表　　　　　　表 8-2

序　号	项目名称	设　定　值
1	在一表面温度	≤150℃
2	废气出口温度	≤70℃
3	柴油机水箱温度	≤95℃
4	柴油机油压力	<0.1MPa
5	补水箱水位	高于双层管及废气处理箱
6	柴油机最高转速	≥2650r/min
7	CH_4 浓度	$CO≤0.1,NO_x≤0.08$

（8）设备同时增设了便携式甲烷检测报警器,设定值为 1% 瓦斯浓度,当工作环境中瓦斯浓度达到 1% 时,瓦斯报警器自动声光报警,此时机器应迅速撤离工作场地。待隧道内经通、排风处置后,方能进入隧道重新作业。

（9）考虑到自卸车隧道外作业的问题,保留了原机的各种使用电器。从电器一接线箱中过电路开关,又引出了 24V 电源,和原车钥匙开关处线路相连接。隧道外作业时,把安装于电源一接线箱上的开关旋至"开"的位置,原机各种用电器就可启用,按原机使用说明书操作各种电器。

8.3 防爆改装设备检验

防爆改装设备检验如图 8-10～图 8-12 所示。

a)

b)

图 8-10　防爆改装现场图

瓦斯隧道施工设备 | 第 **8** 章

a)　　　　　　　　　　　　　　b)

图 8-11　改装后检验合格证书图

a)　　　　　　　　　　　　　　b)

图 8-12　现场验收及报告图

8.4 瓦斯隧道车载闭锁技术

目前,对瓦斯隧道施工机械设备进行改装主要有两种方案:针对非防爆机械诱发源采取预防产生火花和控制高温的措施;针对瓦斯隧道内燃施工机械、设备选配一套适合于车载的瓦斯自动监控报警闭锁系统。该系统安装于内燃施工机械、设备上,实时监测其周围环境空气中的瓦斯浓度,当环境瓦斯浓度超过报警限值,系统发出声光报警;浓度继续上升,超过断电上限后,监控系统发出车辆自动断油断电信号,控制车辆上相关电子设备实现自动断电熄火功能。当环境瓦斯浓度降低到安全限值以下报警解除后,该内燃施工机械、设备方可再次启动。

1)系统结构

车载瓦斯自动监控系统主要由四部分组成:系统维护与配置管理中心、瓦斯监控主机、瓦斯监控主机电源、检测控制器。系统结构如图8-13所示。

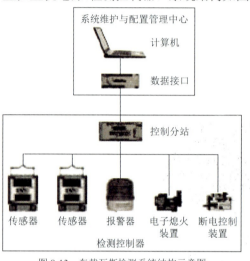

图8-13 车载瓦斯检测系统结构示意图

系统维护与配置管理中心主要用于设置、调试系统配置参数和控制逻辑。主要由中心计算机、系统软件、数据传输接口组成。这部分配置主要由设备提供方使用,用户也可购置用于平时的维护。系统正常运行时不需该部分设备。

控制分站是系统的数据采集处理和逻辑控制中心,负责从传感器采集环境参数,并将结果按照管理中心软件所设计的控制逻辑进行判断处理,根据配置方案在检测到异常时输出报警和断电等控制信号;分站还具备与管理中心进行数据通信的功能,接收管理中心下达的配置逻辑指令并可将采集的数据发送至管理中心进行实时监测调试。

检测控制器包括传感器和声光报警器。传感器主要是采集隧道的环境参数,传感器的种类比较多,如:瓦斯、一氧化碳、二氧化碳、风速等。报警器接收监控装置发来的报警信号,发出声光报警提示,提前发出预警。

2)系统工作原理

系统主要采集施工机械工作区域的环境瓦斯气体浓度参数,控制监控装置根据采集的浓度值和控制逻辑进行分析处理。系统工作时,当环境瓦斯浓度逐渐上升,达到比较危险的浓度(比如按照有关规定设定为0.5%),分站向报警器发出报警信号,报警器发出声光报警,驾乘人员听到或看到报警信号后,立即停止作业,通知相关人员核查现场实际情况,在查明起因并解除危险后再行作业,可以实现危险提前处理的作用。如果瓦斯浓度上升较快或者是施工机械现场无人值守时,环境瓦斯浓度达到较高危险限值(按照有关规定设定为0.8%),此时监控装置再次向机械的断油熄火控制器和电源控制器发出控制信号,使机械自动停止工作并关闭总电源,实现闭锁,防止机械工作中或不知情人员重新启动,因火花造成爆炸事故。系统工作原理如图8-14所示。

图8-14 系统工作原理图

3）系统安装方法及安全操作要求

监控装置安装位置可根据机械自身的结构特点进行选择，可安装于驾驶室、机械底部或侧面以及驾驶室与车箱连接处等。传感器安装于驾驶室顶部通风处。由于机械是一个振动剧烈的载体，因此相关设备需要作加固与防振设计。布置示意图如图 8-15 所示。

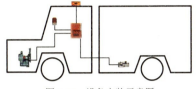

图 8-15 设备安装示意图

进入隧道作业前，驾驶员必须检查监控系统是否工作正常；隧道内作业时，监控系统必须保持开启状态；监控系统发出声光报警时，表明环境瓦斯浓度出现异常，驾乘人员应立即停止作业并通知相关人员查明现场情况，解除报警后方可继续作业。监控系统发出声光报警并控制车辆自动熄火，表明环境瓦斯浓度已经非常危险，为了防止中毒、窒息、引发爆炸，确保人身安全，驾乘人员应立即下车撤离现场，同时通知相关人员禁止尝试点火操作；若通过其他手段检测出隧道内瓦斯含量异常，应立即停止作业，待确认安全后方可重新作业；监控系统异常时必须及时向相关负责人员汇报；监控系统所带的瓦斯传感器必须每隔 7d 进行零点校准，同时做好除尘工作；车辆洞外长时间停放应关闭监控器电源。

4）系统配置表

单台车改装设备明细见表 8-3。

单台车改装设备明细表 表 8-3

序号	设备名称	型号	单位	数量	备注
1	矿用本安型电源	DXH-4-15	台	1	防振设计
2	隧道车辆监控主机	ZWSJ-A-Z	个	1	防振设计
3	低浓度甲烷传感器	KG9701A	个	1	带保护箱，防振设计
4	声光报警器	—	个	1	
5	专用线缆及配件	—	套	1	
6	标气	—	瓶	1	可多台共用
7	减压阀	—	个	1	
8	流量计	—	个	1	

第 9 章

瓦斯隧道安全技术及应急管理

Key Technologies of Gas Tunnel Construction

Key Technologies of Gas Tunnel Construction

隧道穿越煤层时主要需解决的问题是防突，尤其是穿越具有煤与瓦斯突出危险的煤层时，做好安全防护更是施工中的关键，具有煤与瓦斯突出的隧道需从设备、通风、个人防护等方面做好安全防护。通过借助煤矿成熟的安全防护技术，从供电、机械改装及通风等多方面落实安全防护措施，从源头出发，避免洞内产生火花，最大限度保证洞内作业人员安全。

9.1 供电保护措施

根据《铁路瓦斯隧道技术规范》（TB 10120—2002）要求，瓦斯隧道施工过程中，对洞内电缆、线路布置、电压等均有明确规定。为确保洞内施工和工点正常，须对洞内、外供电设备采取保护措施。

9.1.1 洞内供电设置"三大保护"

（1）接地保护

电压在36V以上和由于绝缘损坏可能带有危险电压的电气设备的金属外壳、构架，铠装电缆的钢带（或钢丝）、铅皮或屏蔽护套等必须有保护接地。接地网上任一保护接地点的接地电阻值不得超过2Ω。每一移动式和手持式电气设备至局部接地极之间的保护接地用的电缆芯线和接地连接导线的电阻值，不得超过1Ω。

地面6kV变电所和洞内高压配电点的高压馈电线上，装设有选择性的单相接地保护装置。供移动变电站的高压馈电线上，装设有选择性的动作于跳闸的单相接地保护装置。

在下列地点装设局部接地极：①洞内变电室（包括移动变电站和移动变压器）。②装有电气设备的洞室和单独装设的高压电气设备。③低压配电点或装有3台以上电气设备的地点。④无低压配电点工作面的回风巷以及由变电所单独供电的工作面，至少应分别设置1个局部接地极。⑤连接高压动力电缆的金属连接装置。

（2）漏电闭锁保护

洞内电力网的短路电流不得超过其控制用的断路器在洞内使用的开断能力。洞内动力变压器的高压控制设备，应具有短路、过负荷、接地和欠压释放保护。洞内由移动变电站或配电点引出的馈电线上，应装设短路、过负荷和漏电保护装置。低压电动机的控制设备，应具备短路、过负荷、单相断线、漏电闭锁保护装置及远程控制装置。

（3）过流、短路保护装置

洞内配电网路（变压器馈出线路、电动机等）均应装设过流、短路保护装置。必须用该配电网路的最大三相短路电流校验开关设备的分断能力和动、热稳定性。必须正确选择熔断器的熔体。

必须用最小两相短路电流校验保护装置的可靠动作系数。保护装置必须保证配电网路中最大容量的电气设备或同时工作成组的电气设备能够启动。低压馈电线上，必须装设检漏保护装置或有选择性的漏电保护装置，保证自动切断漏电的馈电线路。

每天必须对低压检漏装置的运行情况进行1次跳闸试验。40kW及以上的电动机，均采用真空电磁起动器控制。

用最小两相短路电流校验保护装置的可靠动作系数满足要求。保护装置可保证配电网路中最大容量的电气设备或同时工作成组的电气设备能够起动。洞内高压电网，采取措施限制单相接地电容电流不超过20A。

直接向洞内供电的高压馈电线上，不装设自动重合闸。手动合闸时，事先同洞内联系。洞内低压馈电线上有可靠的漏电、短路检测闭锁装置时，可采用瞬间1次自动复电系统。

9.1.2 洞内、外装设防雷电装置

（1）由地面直接进洞的管路，在入洞处安装同管径的绝缘连接管，在洞口附近将金属体进行不少于2处的良好的接地。

（2）通信线路在进洞处装设熔断器和防雷电装置。

9.1.3 洞内电缆及设备安全管理

（1）洞内电缆

电力电缆选用经过检验合格并取得煤矿矿用产品安全标志的阻燃铜芯电缆。且电缆主线芯的截面应满足供电线路负荷的要求。

电缆的敷设：
①电缆用吊钩悬挂。
②电缆用卡箍固定。
③悬挂的电缆有适当的弛度，悬挂高度高于行驶车辆高度。
④悬挂点间距为3m 电缆要在压风管、供水管等管子的上方，并保持0.3m以上的距离。

（2）电缆连接
①电缆与电缆连接，必须用与电气设备性能相符的接线盒。
②电缆线芯使用齿形压线板（卡爪）或线鼻子与电气设备进行连接。
③不同类型电缆之间严禁直接连接，需采用符合要求的接线盒、连接器或母线盒进行连接。

④同类型电缆之间直接连接时,橡套电缆的修补连接(包括绝缘、护套已损坏的橡套电缆的修补)采用阻燃材料进行硫化热补或与热补有同等效应的冷补,并经浸水耐压试验,合格后方可下井使用。

(3)洞内电气设备

①电气设备防爆等级。

洞内各使用地点电气设备(包括电动机、配电设备、用电设备、照明灯具、通信及自动化装置和仪表、传感器等)防爆等级的选择,所选电气设备均满足"煤矿矿用产品安全标志"要求。

②电气设备的继电保护。

不同回路、设备所具备的各种保护、闭锁、控制功能,开关设备分断能力、动热稳定性及保护装置可靠系数校验,主要电气设备的实时监测监控。

9.1.4 照明、信号

(1)洞内固定照明

在以下地点设置固定照明,并遵守以下规定:

①隧道内洞室、交叉点和转弯处等需加强照明。

②洞内照明电压不得超过127V,照明灯间距为10m。

③照明变压器选用矿用隔爆型照明、信号综合保护装置,具有短路、过载及漏电保护。

(2)应急照明设施

洞外的通风机房、空压机房、变电所、调度室等必须设有应急照明设施。

(3)矿灯

为入洞方便,在洞口附近设矿灯房,矿灯选用双光源新型矿灯。

①完好的矿灯总数比经常用灯的总人数多50%。

②矿灯集中统一管理,经常使用矿灯的人员专人专灯。

③矿灯应保持完好,出现电池漏液、亮度不够、电线破损、灯锁失效、灯头密封不严、灯头圈松动、玻璃破裂等情况时,严禁发放。发出的矿灯,最低应能连续正常使用11h。

④严禁使用矿灯人员拆开、敲打、撞击矿灯。

⑤矿灯需装有可靠的短路保护装置。

9.1.5 具体防范措施

可能产生的电气事故有异常停电和带电、电气火花、着火、短路、过负荷、断相、单相接地电容电流、电缆动热稳定性、触电、静电、失爆等。主要防范措施如下:

(1)预防电火花事故

①洞内电气设备严禁失爆,电气设备进洞前严格检查其"产品合格证""防爆合格证""煤矿矿用产品安全标志"。

②每年必须对供电系统继电保护进行一次核算、调校和整定,并进行一次预防性试验。

③洞内主要移动防爆设备要定期进行出洞检修,检查合格并经过检测验收后方准进洞。

④洞内防爆电气设备变更额定值使用和技术改造时,必须由具备资质的安全生产检测检验机构检验合格后,方可再投入使用。

⑤必须严格按照有关规定对供电系统保护、防雷接地装置、电缆等进行定期检验。

⑥洞内电缆必须是经检验合格并取得"煤矿矿用产品安全标志"的阻燃电缆,电缆安设合格,并防止有硬件物品碰穿,以及注意电缆的受潮、老化等。

要消灭"鸡爪子""羊尾巴"、明接头,电缆要悬挂整齐。洞内防爆电气设备要及时检查维修,保持完好。严禁使用明刀闸开关。普通型携带式电气测量仪表,只准在瓦斯浓度 0.5% 以下的地点使用。

⑦洞内严禁带电检修和带电搬移电气设备。检修或搬迁电气设备(包括电缆和电线)前,必须切断电源,并用防爆验电笔检验,无电后,检查瓦斯浓度,风流中瓦斯浓度在 0.5% 以下时,方可开始工作。所有开关把手在切断电源时都应闭锁,并挂上"有人工作,不准送电"牌子,只有执行此项工作的人员,才有权摘牌和送电。

⑧建立矿灯管理制度,每盏矿灯都应编号,经常使用矿灯的人员必须专人专灯。对亮度不够、电缆损坏、灯锁不良、灯头松动、密封不严、玻璃破裂等情况的矿灯严禁发出。严禁敲打、撞击和自行拆卸矿灯。

⑨洞内照明和信号装置,应采用具有短路、过载和漏电保护的照明信号综合保护装置配电,且用防爆型的照明信号设备。

⑩洞内电话选用本质安全型电话,并使用矿用电话电缆。

⑪严禁洞内配电变压器中性点直接接地,严禁由地面中性点直接接地的变压器或发电机直接向洞内供电,洞内电气设备正常不带电的金属外壳都应可靠接地。

⑫洞内均采用真空电气设备,实现无油化,所有用电气设备必须具有动作灵敏可靠的各种电气保护。

⑬洞内供电电缆的连接采用隔爆接线盒可靠连接,隔爆接线盒或电缆铠装层均可靠接地。采用阻燃运输胶带,机架可靠接地。

(2)预防洞内电气着火事故

为了避免洞内电网所造成的各种危害,在洞内供电系统中主要采取三大保护装置的措施,即过流保护、漏电保护和保护接地,其具体要求如下:

①洞内变电所防爆高压真空开关采用微电脑综合保护装置,具有定时限过电流、短路、选择性漏电、绝缘监视、过电压等保护功能。供移动变电站的高压馈电线上,必须装设选择性漏电保护。移动变电站或配电点引出的馈电线上,应装设短路、过负荷和漏电保护装置。低压电动机控制设备应具备短路、过负荷、单相断线、漏电闭锁及远方控制装置。

②低压馈电线上,应装设带有漏电闭锁的检漏保护装置或有选择性的检漏保护装置。如果无此种装置,必须装设自动切断漏电馈电线的检漏装置。每天必须对检漏保护装置进行 1 次跳闸试验。发现检漏保护装置有故障或网路绝缘能力降低时,应立即停电处理,修复

后方可送电。检漏保护装置应灵敏可靠,严禁甩掉不用。

③6kV 以上的和由于绝缘损坏可能带有危险电压的电气设备的外壳、构架等,都必须有保护接地。所有电气设备的保护接地装置和局部接地装置,都要和主接地极连成一个接大网。主接地极应在主、副水仓中各埋设 1 块,主接地极应用耐腐蚀的钢板制成,其面积不得小于 $0.75m^2$,厚度不得小于 5mm。

④接地网上任一保护接地点测得的接地电阻值,不得超过 2Ω。每一移动式和手持式电气设备同接地网之间的保护接地用的电缆芯线(或其他相当接地线)的电阻值,都不得超过 1Ω。

⑤洞内固定敷设的电缆,均采用煤矿阻燃型电力电缆。非固定敷设的高低压电缆,均采用符合《煤矿用电缆》(MT 818—2009)标准的橡套软电缆,洞内电气设备实现无油化,电力变压器选用矿用隔爆型干式变压器,不易着火。其他电机控制设备均选用矿用隔爆兼本质安全型或矿用隔爆型设备,洞内配备有消防洒水设备。

⑥机电洞室内设置足够数量的扑灭电气火灾的灭火器材。

(3)预防触电事故

①机电洞室入口处悬挂"非工作人员,禁止入内"字样的警示牌,室内有高压电气设备时,入口处和洞室在明显地点悬挂"高压危险"字样的警示牌。洞室内的设备分别编号,标明用途,并有停送电的标志。

②洞内不得带电检修、搬迁电气设备、电缆和电线。所有的开关闭锁装置均能可靠地防止擅自送电,防止擅自开盖操作,并悬挂"有人工作,不准送电"字样的警示牌,只有执行这项工作的人员才有权取下此牌送电。

③操作高压电气设备主回路时,操作人员必须戴绝缘手套,并穿电工绝缘靴或站在绝缘台上;手持式电气设备的操作手柄和工作中必须接触的部分有良好的绝缘。

④容易碰到、裸露的带电体及机械外露的转动和传动部分均加装了护罩、遮栏等防护措施。

(4)预防洞内供电线路事故

①地面固定供电线路和通信线路应设置在稳定的地方。

②输配线至地面、建筑物或构筑物的距离应符合有关规程规定。

③洞内低压馈电线上有可靠的漏电、短路检测闭锁装置。

④严禁洞内配电变压器中性点直接接地;严禁由地面中性点直接接地的变压器或发电机直接向洞内供电。

⑤洞内电力网的短路电流不得超过其控制用的断路器在洞内使用的开断能力,并应校验电缆的热稳定性。

⑥洞内电动机的控制设备,应具有短路、过负荷、接地和欠压释放保护。洞内配电点引出的馈电线上应装设短路、过负荷和漏电保护装置。低压电动机的控制设备,应具备短路、过负荷、单相断线、漏电闭锁保护装置及远程控制装置。

⑦洞内低压馈电线上,必须装有检漏保护装置或有选择性的漏电保护装置,保证自动切

断漏电的馈电线路。

⑧洞内配电网路均应装设过流、短路保护装置;必须用该配电网路的最大三相短路电流校验开关设备的分断能力和动、热稳定性以及电缆的热稳定性。必须正确选择熔路电流校验开关设备的分断能力和动、热稳定性以及电缆的热稳定性。必须正确选择熔断器的熔体。

必须用最小两相短路电流校验保护装置的可靠动作系数。保护装置必须保证配电网路中最大容量的电气设备或同时工作成组的电气设备能够启动。

⑨必须装设防雷电装置。

⑩电缆的选择及电缆的敷设必须符合《煤矿安全规程》规定。

(5)预防突然停电事故

风机、瓦斯泵、压风自救系统用空压机严格按双电源要求,一趟来自国家电网,一趟来自铁路施工临电专线,同时自备1台柴油发电机作正洞、平导第三备用电源,当其中一电源发生故障或停电时,另一电源可承担专用负荷用电,确保风机10min内启动,确保供电电源可靠。变电所、瓦斯抽放站、风机、空压机房等重要设施,均设置了事故照明灯具以配合工作和人员疏散。

在地面设置1台高压防爆开关,实行风电闭锁和瓦斯电闭锁,保证在主抽风机停风和洞内瓦斯超限后能切断洞内全部供电电源。

①因检修、停电或其他原因停止主要通风机运转时,必须制定停风措施。变电站(所)在停电以前,必须将预计停电时间通知调度室。

②因检修、停电等原因停风时,必须撤出人员,切断电源。

③主风机因一趟电源停电或出现故障停风,必须立即启动投入备用电源,并在10min内启动备用风机。

④当电网停电后安全监控系统必须保证仍能正常工作不小于2h。

⑤安全监控系统中心站必须实时监控全部工作面瓦斯浓度变化及被控设备的通、断电状态。隧道安全监控系统的监测日报表必须报总工审阅。

9.2 综合安全防护措施

针对瓦斯隧道特点,为保证施工安全,根据2010年7月19日国发〔2010〕23号文件《国务院关于进一步加强企业安全生产工作的通知》要求,引入煤矿系统较成熟的"安全保障六大系统"(安全监控系统、人员定位系统、紧急避险系统、压风自救系统、供水施救系统、通信联络系统)施工技术,并首次在渝黔铁路天坪隧道横洞工区进行应用,取得较好的效果。

9.2.1 人员定位系统

选用与监测监控系统兼容的人员管理系统。可对进洞人员的跟踪定位、报表查询、紧急搜救、生产调度等功能，为安全生产以及紧急救援提供第一手可靠的决策实时信息。人员定位系统主要由监控中心站、传输网络、前端设备等组成，系统采用矿用环网方式组网。进入隧道的定位系统设备采用防爆型。

结合洞内特殊的作业环境，采用远距离无线射频识别技术、远程通信技术、计算机编程与网络技术以及防爆技术等，可实现对进洞人员的实时监测、跟踪定位、轨迹回放、考勤管理、报表查询、信息网络发布、双向通信、人机交互、紧急搜救、生产调度等功能，并可方便接入综合自动化网络平台。系统的结构如图 9-1 所示。

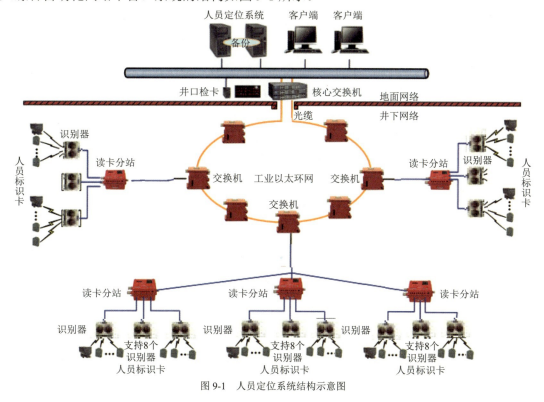

图 9-1　人员定位系统结构示意图

9.2.2　压风自救系统

在主井洞口附近设置空压机房，安设 2 台空气压缩机，向隧道用风设备提供风压，同时兼做洞内隧道内压风自救系统供风，压风自救管路同压风管路共用。自洞口开始每 200m 的距离设置一组压风自救装置，开挖作业面配置数量应比该区域工作人员数量多 2 台。

（1）系统的选择

在主井洞口附近设置空压机房，安设 2 台空气压缩机，向隧道用风设备提供风压，同

时兼做洞内隧道内压风自救系统供风,压风自救管路同压风管路共用。系统应满足如下要求:

①压风自救系统组成:空气压缩机、送气管路、阀门、汽水分离器、压风自救装置(包括减压、节流、消噪声、过滤、开关及防护面罩)。

②压风自救装置应具有减压、节流、消噪声、过滤和开关等功能。

③压风自救装置的外表面光滑、无毛刺,表面涂、镀层均匀、牢固。

④压风自救系统零部件的连接牢固、可靠,不得存在无风、漏风或自救袋破损长度超过5mm 的现象。

⑤压风自救装置的操作应简单、快捷、可靠。

⑥在使用压风自救装置时,应感到舒适、无刺痛和压迫感。

⑦压风自救系统适用的压风管道供气压力为 0.3～0.7MPa,在 0.3MPa 压力时,每台压风自救装置的排气量应在 100～150L/min 范围内。

⑧压风自救装置工作时的噪声应小于 85dB(A)。

⑨压风自救主管路为 ϕ159mm,压风自救分管路为 ϕ50mm。

(2)安装要求

①压风自救系统(图 9-2)安装在隧道内压缩空气管道上,安装地点应在宽敞、支护良好、没有杂物堆的人行道侧,人行道宽度应保持在 0.8m 以上,管路安装高度应距底板 0.5m,便于现场人员自救应用。压风自救系统下面不得有水沟无盖板或盖板不齐全的现象。

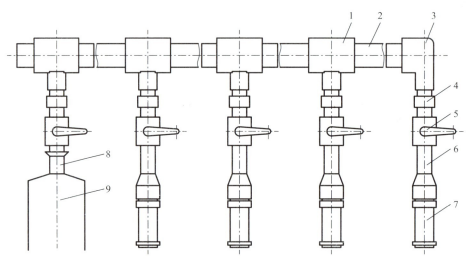

图 9-2 压风自救系统安装图

1-三通;2-气管;3-弯头;4-接头;5-球阀;6-气管;7-自救器;8-卡子;9-防护袋

②自洞口开始每 200m 的距离设置一组压风自救装置,开挖作业面配置数量应比该区域工作人员数量多 2 台。

③管路敷设要牢固平直,压风管路每隔 3m 吊挂固定一次,岩巷段采用金属托管配合卡子固定,煤巷段采用钢丝绳吊挂。压风自救系统的支管不少于一处固定,压风自救系统阀门扳手要在同一方向且平行于巷道。

④在主送气管路中要装集水放水器。在供气管路进入与自救系统连接处,要加装开关,后边紧接着安装汽水分离器。

⑤压风自救系统阀门应安装齐全,能保证系统正常使用。进入开挖工作面的进风侧要设有总阀门。

（3）管理与维护

①压风自救装置安装前须检查是否具有矿用产品安全标志,安装完毕后,需先进行安装质量检查,首先检查是否按规定要求安装,连接件是否牢固可靠,连接处密封是否严密,然后送气,检查系统有无漏气现象。再逐个检查送气器是否畅通,流量是否符合要求。送气不畅通,流量小于规定值的自救装置需取下进行检查,符合要求后再安装使用。经检查、测试完毕,装置才可投入正常使用。

②开挖工作面的压风自救系统由在该区域施工的区队管理维护。

③要确保地面压风机的正常运转,如出现无计划停风,要保证洞内抽放主管路装的汽水（油）分离器的良好性,避免压风自救系统内存水,影响系统的正常使用。

④现场瓦斯检查员是现场压风自救系统的管理监督员,每班的瓦斯检查员必须对所负责区域的压风自救系统进行一次全面细致的检查,发现问题及时与安质部联系,责令整改。

⑤往开挖工作面运送物料时,不得将所运物料卸放在压风自救系统下面,运送物料时不得损坏压风自救系统。

⑥各开挖工作面的压风自救系统需要停风时,经调度室、安质部批准,采取安全措施后,方可进行作业。

⑦本系统必须每天进班时做好检查、维护工作以确保一旦发生灾变时能可靠使用。每班进班时打开汽水分离器排出孔,排除积存在内的积水与杂质。每班要逐个打开自救装置,做通气检查,如发现气不足或无气流出,要当班更换,如有连接不牢和漏气现象,要及时处理,保证装置处于良好的工作状态。压风自救袋上的煤尘要及时清理,经常保持清洁。

⑧应对进洞人员进行压风自救系统使用的培训,确保每位员工都能正确使用压风自救系统。

9.2.3 供水施救系统

设计隧道供水施救系统与防尘洒水系统一体。

（1）水源

在洞口建设有效容积为 200m³ 水池,水经净化处理向地面、隧道供水,能够满足供水施救系统的需要。

(2) 系统组成及主要功能

供水系统的组成如图 9-3 所示。

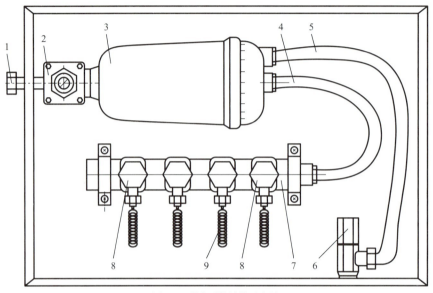

图 9-3 供水系统结构示意图

1- 外水源接头；2- 减压器；3- 滤水装置；4- 洁净水连接管；5- 排污连接管；6- 排污开关；7- 饮用水分水管；8- 饮用水角阀；9- 洁净饮用水管

①系统由清洁水源、供水管网、三通、阀门、过滤装置及监测供水管网系统等其他必要设备组成。

②系统应具有基本的防尘供水功能。

③系统具有供水水源优化调度功能。

④系统具有在人员集中地点、灾变期间能够实现应急供水。

⑤系统应具有过滤水源功能（在防尘供水管道与扩展饮用水管道衔接处或在供水终端处增加过滤装置，达到正常饮用水要求）。

(3) 安装要求

①在防尘供水系统基础上，结合隧道实际情况及作用人员相对集中的情况，合理扩展水网，以满足供水施救的基本要求。

②开挖工作面每隔 200m 安装 1 组供水阀门。

③避难洞室各安装 3 组供水阀门。

④特殊情况或特殊需要时，按要求的地点及数量进行安装。宜考虑在压风自救处就地供水。

⑤在饮用水管处或在各个供水阀门处安装净水装置，以满足饮用水的要求。单独供水施救系统，一般主管选用 DN50，支管选用 DN25。

⑥饮水阀门高度：距巷道底板一般 1.2m 以上。

⑦饮用水管路安装尽量水平、牢固。

⑧供水阀门手柄方向一致。
⑨供水点前后 2m 范围无材料、杂物、积水现象。
（4）日常维护
①供水施救实行挂牌管理，明确维护人员进行周检。
②周检供水管网是否有跑、冒、滴、漏等现象。
③周检阀门开关是否灵活等。
④饮用水管需排放水每周 1 次，保持饮水质量。
⑤可以利用技术等手段定时检查。
⑥做到发现问题及时上报并做相应的处理。

9.2.4　紧急避险系统

根据《煤矿洞内紧急避险系统建设管理暂行规定》和《煤矿洞内安全避险"六大系统"建设完善基本规范》及煤矿洞内紧急避险有关要求，针对瓦斯突出隧道实际情况，设置避难洞室。

紧急避险系统是指在隧道内发生紧急情况下，为遇险人员安全避险提供生命保障的设施、设备、措施组成的有机整体。紧急避险系统建设的内容包括为进入隧道人员提供自救器、建设紧急避险设施、合理设置避灾路线、科学制订应急预案等。

（1）紧急避险设施要求

紧急避险设施是指在隧道内发生灾害事故时，为无法及时撤离的遇险人员提供生命保障的密闭空间。该设施对外能够抵御高温烟气，隔绝有毒有害气体，对内提供氧气、食物、水，去除有毒有害气体，创造生存基本条件，为应急救援创造条件、赢得时间。

根据该隧道的具体情况，设计采用避难洞室作为隧道内紧急避险设施，服务于整个隧道。

紧急避险设施应具备安全防护、氧气供给保障、有害气体去除、环境监测、通信、照明、人员生存保障等基本功能，在无任何外界支持的情况下额定防护时间不低于96h。

具备自备氧供氧系统和有害气体去除设施。供氧量不低于0.5L/(min·人)，处理二氧化碳的能力不低于0.5L/(min·人)，处理一氧化碳的能力应能保证在20min内将一氧化碳浓度由0.04%降到0.0024%以下。在整个额定防护时间内，紧急避险设施内部环境中氧气含量应在18.5%~23.0%之间，二氧化碳浓度不大于1.0%，瓦斯浓度不大于1.0%，一氧化碳浓度不大于0.0024%，温度不高于35℃，湿度不大于85%，并保证紧急避险设施内始终处于不低于100Pa的正压状态。采用高压气瓶供气系统的应有减压措施，以保证安全使用。

配备独立的内外环境参数检测或监测仪器，在突发紧急情况下人员避险时，能够对避险设施过渡室（舱）内的氧气、一氧化碳，生存室（舱）内的氧气、瓦斯、二氧化碳、一氧化碳、温度、湿度和避险设施外的氧气、瓦斯、二氧化碳、一氧化碳进行检测或监测。

按额定避险人数配备食品、饮用水、自救器、人体排泄物收集处理装置及急救箱、照明设施、工具箱、灭火器等辅助设施。配备的食品发热量不少于5000kJ/(天·人)，饮用水不少于1.5L/(天·人)，配备的自救器应为隔绝式，有效防护时间应不低于45min。

紧急避险设施的总容量应满足突发紧急情况下所服务区域全部人员紧急避险的需要，包括生产人员、管理人员及可能出现的其他临时人员，并应有一定的备用系数。避难洞室的备用系数不低于1.2。

隧道在突发紧急情况时，凡洞内人员在自救器额定防护时间内靠步行不能安全撤至地面的，应建设洞内紧急避险设施。

紧急避险设施应与安全监测监控、人员定位、压风自救、供水施救、通信联络等系统相连接，形成整体性的安全避险系统。

安全监测监控系统应对紧急避险设施外和避难洞室内的瓦斯、一氧化碳等环境参数进行实时监测。

人员定位系统能实时监测隧道内人员分布和进出紧急避险设施的情况。

压风自救系统应能为紧急避险设施供给足量氧气，接入的隧道压风管路应设减压、消音、过滤装置和控制阀，压风出口压力在0.1～0.3MPa之间，供风量不低于0.3m³/(min·人)，连续噪声不大于70dB(A)。

供水施救系统应能在紧急情况下为避险人员供水，并为在紧急情况下输送液态营养物质创造条件。接入的供水管路应有专用接口和供水阀门。

通信联络系统应延伸至洞内紧急避险设施，紧急避险设施内应设置直通调度室的电话。

紧急避险设施的设置要与避灾路线相结合，紧急避险设施应有清晰、醒目、牢靠的标识。避灾路线图中应明确标注紧急避险设施的位置、规格和种类，隧道中应有紧急避险设施方位的明显标识，以方便灾变时遇险人员迅速到达紧急避险设施。

紧急避险系统应随隧道开挖系统的变化及时调整和补充完善，包括及时补充或移动紧急避险设施，完善避灾路线和应急预案等。

（2）避难洞室

①避难洞室选址。

根据瓦斯突出隧道具体情况，在合适的位置设置避难洞室，以便为灾变情况下作业人员提供紧急避险场所，保障职工的生命安全。

②避难洞室整体结构。

避难洞室总体结构如图9-4所示。

③避难洞室各个子系统。

避难洞室内部包括安全防护系统、供氧系统、净化系统、降温除湿系统、环境监控系统、照明系统、通信系统、动力保障系统、生存保障系统、排水排气系统。

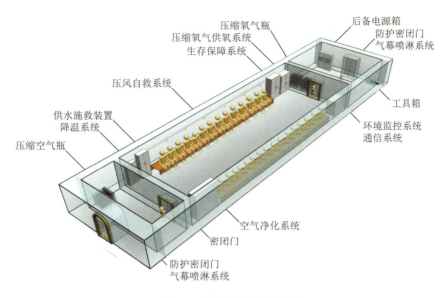

图 9-4 避难洞室的结构示意图

9.2.5 通信联络系统

瓦斯隧道施工期间利用现有系统作为与外界联系的主要工具。目前移动无线通信网络信号已经全面覆盖各区域,隧道施工所有管理及技术骨干均配备有移动通信防爆手机及防爆电话,地面各管理人员手机保持 24h 开机,保持通信畅通,充分保证隧道安全。

根据 2007 年 8 月 9 日国家安全生产监督管理总局、国家煤矿安全监察局联合下发的《关于所有煤矿必须立即安装和完善洞内通信、压风、防尘供水系统的紧急通知》的有关要求,瓦斯隧道施工期间,选配防爆型电话进行通信。

9.2.6 安全监控系统

具备视频监控、通信、人员定位、瓦斯动态监控、广播等多功能安全监控系统。

9.3 安全管理制度

为防止瓦斯隧道的事故发生,保证员工及其他隧道施工人员的人身安全,真正做到"安全第一,预防为主",需结合实际情况、公司及建设单位相应的管理办法制定各项管理制度。

9.3.1 安全生产责任制

安全生产责任制就是对各级负责人、各职能部门以及各类作业人员在管理和施工过程中,应当承担的责任作出明确规定,将安全生产责任分解到施工单位的主要负责人、项目负责人、班组长以及每个岗位上的作业人员。安全生产责任制是项目生产最基本的安全生产管理责任制,是施工项目安全生产管理的核心和中心环节。

项目负责人必须由取得相应执业资格的人员担任,对建设工程项目的安全施工负责。落实安全生产责任制度和操作规程,确保安全生产费用的有效使用。根据工程的特点组织制定安全施工措施,消除安全事故隐患,组织制定安全事故应急救援预案,及时、如实报告生产安全事故。

专职安全生产管理人员负责对安全生产进行现场监督检查,督促作业人员遵守安全操作规程和技术标准,及时制止并纠正违反施工安全技术规范、规程的行为,发现安全事故隐患,应当及时向项目负责人和安全生产管理机构报告。

9.3.2 安全教育培训制度

为加强现场安全生产宣传教育,提高管理人员、技术人员和作业人员在瓦斯隧道施工中的安全素质和操作技能,普及瓦斯隧道方面的安全生产知识,增强自我防护能力,预防和减少事故发生,需对现场管理人员、技术人员和作业人员进行安全教育培训。熟悉安全生产法律法规、国家规定的与本工种相适应的、专门的安全理论知识和操作技能、安全技术操作规程、工种作业场所和工作岗位存在的危险因素、防范措施及事故应急措施。

根据规定,针对特种作业人员、特殊岗位,如瓦检、爆破人员等需由地方安全生产监督管理部门、建设施工主管部门及其他具备培训考核资格的部门或机构举办的安全生产培训,考核合格后,颁发相应的证书。

9.3.3 进洞管理制度

为规范和加强现场管理人员、作业人员及外来检查人员进出瓦斯隧道的管理,避免和减少人为因素造成的不良后果,须制定进洞管理制度,对洞口进行封闭式管理,设置门禁系统(洞口上部采用 1.8m 高栅栏网进行防护,距离洞口 20m 处采用 10m 自动升降门满足施工车辆出入),右侧为金属探测门满足施工人员出入,严禁携带易燃易爆物、手机以及未经防爆改装的设备进入洞内,严格执行洞口登记值班制度。

进口人员必须穿戴劳动防护用品,必须接受门岗的安全检查,严禁携带任何火种及可能产生火花的物品入内。经批准的动火作业,必须有专职瓦检员随行方可将相应材料、设备带入隧道。所有进洞人员实行挂牌制度,分工序挂牌上岗、下班摘牌离岗。上级领导及其他相关人员进洞检查实行登记制度,门岗建立登记台账,并应注明进出洞时间。

洞口设置更衣室。任何人进洞前必须将随身携带的手机、打火机等火种和电子设备、物品等保存到专用衣柜，严禁穿着化纤类衣服进入隧道。隧道洞门设置静电消除装置，所有进洞人员必须消除静电以后方可进洞。门岗对进入隧道的人员有告知义务，拒绝任何拒绝履行防火、防爆检查的人员进入隧道。

进入隧道的机械设备、电气设备、车辆必须满足防爆要求，否则禁止进入隧道。经过防爆改装的机械设备、电气设备、车辆由分部设物部负责发给专用进洞许可证，并将进洞许可证挂在醒目位置，凭证进入隧道作业。

进入隧道的施工机械设备、电气设备、车辆实行出、入登记制度，上述机械设备进入洞内，门岗必须对车辆驾驶室进行检查，防止将火种带入洞内；驾驶人员及其他操作人员必须履行进洞登记手续。

9.3.4 用电管理制度

根据《铁路瓦斯隧道技术规范》(TB 10120—2002)、《瓦斯隧道施工管理办法》对进洞机电设备及器材进行组织和实施，规范瓦斯地段用电管理，需制定瓦斯隧道用电管理制度。

成立瓦斯隧道用电管理小组，负责瓦斯隧道用电综合管理，包括用电方案、组织设计、机电设备安装实施验收、安全监测检查等；为确保瓦斯隧道用电安全，瓦斯隧道需配置双回路电源，洞内采用双电源线路，不得分接隧道意外的任何负荷。针对洞内的各级配电电压和机电设备需满足下列要求：

①高压不应大于 10000V。
②低压不应大于 1140V。
③照明、手持式电气设备的额定电压和电话、信号装置的额定供电电压，在低瓦斯工区不应大于 220V；在高瓦斯工区和瓦斯突出工区不应大于 127V。
④远距离控制线路的额定电压不应大于 36V，潮湿场所、开挖面、台车台架照明电压不应大于 26V，并使用隔爆照明灯具。

洞内配电变压器严禁中性点直接接地，严禁洞外中性点直接接地的变压器或发电机直接向瓦斯隧道内供电。针对瓦斯隧道洞内高压电缆需符合：

①固定敷设的电缆应根据作业环境条件选用。
②移动变电站应采用监视型屏蔽橡套电缆。
③电缆应采用铜芯。

瓦斯突出工区的电气开关与作业机电设备必须使用防爆型，必须全过程、不间断测定瓦斯浓度，一旦达到 0.3% 以上，立即停止作业或退出并熄火，通风排放。洞内供电必须做到"三专""两闭锁"，即：专用变压器、专用开关、专用供电线路，瓦斯浓度超标时与供电的闭锁、风机与洞内供电的闭锁。

瓦斯隧道的配电变压器严禁中性点直接接地，严禁由洞外中性直接接地的变压器或发电机直接向瓦斯隧道供电，瓦斯隧道必须采用独立的接地保护系统。

设备检漏继电器,低压馈电线路上,装设能自动切断漏电线路的检漏装置:

①施工现场的总隔爆开关至分路隔爆开关设置两级检漏继电器,两级检漏继电器的额定漏电动作电流和额定漏电动作时间应作合理配合,是指具有分级保护的功能。

②检漏继电器装设在总电源器的负荷侧和分路隔爆开关的负荷侧。

③检漏继电器的选择应符合现行国家标准规定,额定漏电电流应不大于 15mA,额定漏电动作时间应小于 0.1s。

为了防止雷电波及隧道内而引起瓦斯爆炸,所有进洞线路,包括动力电缆、照明电缆、瓦斯监控系统电缆以及通信电缆均需在洞口安装避雷器。

隧道内采用双电源线路,其电源线上不得分接隧道以外的任何负载,为保证隧道通风、照明及监测系统等一级负荷用电,在外电网停电 10min 内,启动备用的二台发电机组供给一级负荷用电。

电缆的敷设基本要求:

①照明电缆及灯应使用钢索悬挂。

②电缆悬挂点间的距离,在正洞、平导内不得大于 3m。

③高、低压电缆敷设在同一侧时,其间距应大于 0.1m,电缆间的距离不得小于 0.05m。

④洞内电缆与电气设备连接,必须使用与电气设备的防爆性能相符合的防爆型的连接盒,电缆芯线必须使用齿形压线板或线鼻子与电气设备连接。

高瓦斯工区照明灯具的选用,应符合下列规定:

①已衬砌段的固定照明灯具,可采用 EXd Ⅱ 型防爆照明灯。

②开挖工作面附近的固定灯具必须采用 EXd Ⅰ 型防爆照明灯。

③移动照明必须使用矿灯。

洞内电气设备的设置按以下原则执行:

①配电系统设置总隔爆开关、分隔爆开关、设备隔爆开关,实行三级配电;配电系统应使三相负荷平衡。

②动力隔爆开关与照明隔爆开关分别设置,照明线路界限要接在动力隔爆开关的上侧。

③总隔爆开关设置在靠近电源区域,分隔爆开关设置在用电设备或符合相对集中的区域,分隔爆开关与设备隔爆开关的距离不得超过 30m,隔爆开关与其控制的固定用电设备的水平距离不应超过 3m。

④每台用电设备必须有各自专用的隔爆开关,禁止用同一隔爆开关直接控制 2 台及 2 台以上的用电设备。

⑤隔爆开关不得装设在易受外来物撞击、强烈振动、液体侵蚀及热源烘烤的场所,否则应进行清除或防护处理;隔爆开关周围留有足够两人同时工作的空间和通道,周围不得堆放有碍操作、维修的物品。

⑥隔爆开关要放置在洞内其他机械设备不易碰撞的地方,并设立警示标志或警示灯。

供电线路应无明接头,无接头连接不紧密或散接头,有漏电保护装置,有接地装置,电缆悬挂整齐,防护装置齐全等。

隧道内供电必须做到"三无""四有""两齐""三全"。三无：无"鸡爪子"、无"羊尾巴"、无"明接头"，四有：有过电流和漏电保护、有螺丝和弹簧垫、有密封圈和挡板、有接地装置，两齐：电缆悬挂整齐、设备洞室清洁整齐，三全：防护装置全、绝缘用具全、图纸资料全。

瓦斯隧道使用的机电设备，在使用期间，除日常检查外，应按规定的周期进行检查，其检查周期应符合表 9-1 规定。

瓦斯隧道使用机电设备检查周期表 表 9-1

序号	检查项目	周期	备注
1	使用中的防爆机电设备的防爆性能	每月一次	专职电工应每日检查外部一次
2	配电系统继电保护装置检查、整定	每月一次	
3	高压电缆的泄漏和耐压试验	每半年一次	
4	主要机电设备绝缘电阻检查	每年一次	
5	主要机电设备电缆的绝缘和外部检查	每月一次	外观和悬挂情况由专职电工每周检查一次
6	移动式机电设备的橡胶电缆绝缘检查	每季一次	由当班司机或专职电工每班检查一次有无破损
7	接地电阻测定	每季一次	
8	新安装的机电设备绝缘电阻和接地		投入运行前测定
9	瓦斯检测仪器仪表	10 天一次	检查校正方法见《铁路瓦斯隧道技术规范》(TB 10120—2002)

具体电器保护措施：

①瓦斯工区内的电气设备不允许大于额定值运行。

②瓦斯工区内的低压电气设备，严禁使用油断路器、带油的起动器和一次线圈为低压的油浸变压器。

③瓦斯隧道内的配电变压器严禁中性点直接接地。严禁由洞外直接接地的变压器或发电机直接向瓦斯工区内供电。

④隧道内高压电网的单相接地电容电流不得大于 20A。

⑤瓦斯隧道内禁止高压馈电线路单相接地运行，当发生单相接地时，应立即切断电源。低压馈电线路上，必须装设能自动切断漏电线路的检漏装置。

⑥瓦斯突出工区内的局部通风机和开挖面的电气设备，必须装设风电闭锁装置。当局部通风机停止运转时，应立即自动切断局部通风机供风区段的一切电源。

⑦为了防止地面雷电波及隧道内引起瓦斯爆炸，必须遵守下列规定：a. 经由洞外架空线路引入隧道的供电线路，必须在隧道口处装设避雷装置；b. 由洞外直接进入隧道内的轨道和露天架空引入（出）的管路，必须在隧道洞口附近将金属体进行不少于两处的集中接地；c. 通信线路必须在隧道洞口处装设熔断器和避雷装置。

⑧隧道内 36V 以上和由于绝缘损坏可能带有危险电压的电气设备的金属外壳、构架等，都必须有保护接地，其接地电阻值应满足下列要求：a. 接地网上任一保护接地点的接地电阻值不得大于 2Ω；b. 移动式或手持式电气设备与接地网间的保护接地用的电缆芯线的电阻值不得大于 1Ω。

9.3.5 隧道通风系统管理制度

为了规范隧道施工通风作业,保证施工通风效果,给施工提供良好的作业环境,使隧道施工得以安全、快速、高效地进行,根据《铁路隧道施工规范》(TB 10204—2002)、《铁路瓦斯隧道施工技术规范》(TB 10120—2002),结合隧道实际情况制定通风管理制度。

成立通风系统管理机构,明确负责人及具体成员的职责,全程参与方案制订、实施、局部调整,过渡方案的设计,通风系统测试与评价、通风检测系统的维护以及洞内作业环境评价等。通风管理各个阶段施工前,必须进行技术交底,结合项目的特点、技术要求、施工工艺、工程难点、施工操作要点以及工程质量标准进行安全技术交底。

具体通风管理:

(1)风机的安装

根据选定的通风设备安装位置,平整场地,设置安装通风设备的基础和支架,并由技术人员提供风机支架图纸和材料型号,一般按承重通风机总重量的2~4倍焊制通风机机架。为防止洞内排出的污风被二次吸入,通风机架设在距洞口20m外。将通风设备平放在预制好的支架上,调平、调整方向后用螺栓固定。通风设备的安装应符合设计要求及使用说明要求。电器控制柜安设在干燥、无尘、通风良好且便于风机司机操作的地方,接通电源,分别启动两台电机,检查电机旋转方向是否与箭头指向一致。

(2)风机的运行管理

通风工应加强与风机司机的联系,风机司机必须在接到通风工通知后方能送风。送风时,先启动一台电机,5min后再启动另一台电机。变级多速风机必须由低速到高速逐台稳定启动,即低速启动稳定后才能启动中速,中速稳定后才能启动高速。风机司机要遵守操作规程,防止发生机械事故,做好防火、防触电工作;风机不运转时,务必切断电源,并对风机运行状况作好记录,以备查询,特殊情况及时汇报。

(3)通风实施过程中风机位置的调整

随着作业面的向前推进,有时需要安装和移动风机。该工作由技术人员指导通风工和风机维修工完成。首先,由技术人员根据设计选定风机的位置,通风工人在安装风机的地方加固处理;其次,由风机维修工对所安风机进行检测,确定正常后,用吊装设备移动到指定位置,再由通风工人对风机进行加固;最后,由技术人员和风机维修工负责连接线路,调试运行。

(4)风机的维护与保养

风机的维护与保养,必须遵循一定的工作制度,必须由专人保养维修,不能携带故障运行,定期清理风机内的灰尘,为了保证风机的叶轮不会被锈蚀失衡,对于叶轮上的灰尘,污垢要重点清除。维修的时候一定要先断电,再检查。每隔一个月对风机加注一次黄油,保证运行的畅通。

通风系统维护的辅助措施:

①通风工对责任区内的通风系统须每班巡回检查一次,发现破损、爆裂、泄露、拖挂、弯曲、褶皱、拉链脱开等要及时处理。

②定期测风压、风量、风速,并做好记录。

③经常检查和维修通风机具,检查通风设备的供风能力和动力消耗,检查风管有无损伤,损伤要修补。

④对于风管破损严重的应急处理措施。先用扎丝将风管缝补好,等不需要通风时把风管换掉,再用塑焊枪进行修补。

⑤管理好进洞的运输道路和运输设备,防止划破风管,对于可能损坏风管的出露锚杆,要及时进行处理;对于车辆经常碰到的通风管路,要及时抬高。洞内尽量不要停放闲置的汽车、梭矿车和堆积杂物,以免影响风流。

⑥管理好进洞的污染源,必要时对内燃机械设备加空气净化装置。

⑦必要时在开挖工作面装设水雾除尘设备,使之与空气中的粉尘碰撞,则尘粒附于小水滴上,被溶湿的尘粒凝聚成大颗粒,从而加快了其降落程度,达到降尘的效果。

⑧必要时采用空气引射器吹散局部积聚的瓦斯和有害气体。

通风安全施工措施:

①通风作业人员要熟悉隧道施工环境、作业工序、通风仪器设备性能,岗前经专职培训合格后才允许进行通风作业。

②通风设备安装必须牢固,周围 5m 内不得堆放杂物。通风设备应配有保险装置,发生故障时,能自动停机。

③风机司机要遵守操作规程,防止发生机械事故,做好防火、防触电工作;风机不运转时,务必切断电源。

④风机司机发现通风系统有异常、振动、火花等故障时,应立即通知人员做出处理。

⑤不允许把重物加在通风管上,更不允许通风工站在通风管上作业。风管周围不得堆放尖锐物件,在安装风管时,风管线路下方的锚杆、钢筋应及时割掉,防止扎烂风管。

⑥动力线、照明线不得安装在风管同侧。通风工用电,接线必须找专职电工。

⑦隧道接近或通过瓦斯的岩层,必须按现行的《煤矿安全规程》有关规定办理。

⑧施工过程中必须对人员加强安全技术交底。

⑨长梯作业时作好防滑或踏空准备,系好安全带。同时应有其他通风工扶着梯子。

⑩严禁穿着化纤衣物进入瓦斯隧道。严禁将火柴、打火机及其他易燃物品带入隧道内。

⑪高空作业必须佩戴安全帽,同时必须系好安全带。

⑫在使用紧线器时,一定要把握住力度,防止钢丝拉蹦,以免伤人。

⑬当在模板台车、台架上作业时,一定要抓牢站稳,防止坠落。

⑭隧道内任何时间禁止瞌睡和睡觉。

⑮响炮前必须退到安全距离以外避炮。

⑯随时注意洞内过往车辆,及时避让,保证人身安全。正在作业时,如有车辆过来,必须立即停止作业,以免被车碰到。

通风应急处理措施:

①风机故障应急处理:当发生风机烧坏时,首先通知作业面工人,并根据洞内环境监测

结果决定是否停工,同时尽快查明原因,启动备用风机。并对烧坏的风机进行维修。

②通风管路爆裂或划破应急处理:在通风状态下,发生风管爆裂或被划破现象时,应首先通知作业面工人,并根据洞内环境监测结果决定是否停工,同时通知风机司机把风机变为低速运转或停止运转,用细铁丝对爆裂风管进行快速缝合,尽快恢复正常通风;待允许停风时,再将爆裂或被划破的风管更换为新风管。在停风状态下,发生风管被划破现象时,可直接将被划破的风管更换为新风管。

③通风管路拉链断开应急处理:在通风状态下,发生风管拉链断开现象时,应首先通知作业面工人,并根据洞内环境监测结果决定是否停工,同时通知风机司机关掉风机,用细铁丝对断开的两节风管进行快速缝合连接,连接好后,尽快恢复正常通风;待允许停风时,再将拉链损坏的风管更换为新风管。在停风状态下,发生风管拉链断开现象时,可直接将拉链损坏的风管更换为新风管。

④通风管路掉落时应急处理:当发生管路掉落现象时,应首先通知作业面工人,并根据洞内环境监测结果决定是否停工,同时通知风机司机把风机变为低速运转或停止运转,车辆暂停通行。并尽快将掉落管路牵线吊起,固定牢靠。完成后,恢复正常。

9.3.6　瓦斯监测系统管理制度

瓦斯监测是贯彻"安全第一,预防为主"安全生产措施的重要体现,在瓦斯隧道施工中,瓦斯监测是施工安全的基本保障。做好瓦斯检测工作意义重大。

(1)瓦斯隧道必须建立安全监控管理机构,安全监控管理机构负责安全监控设备的安装、调试和维护工作。安全监控管理机构应配备一定数量的具有安全监控员和瓦检员、通风安全监督人员,瓦检员必须经过专业培训,经有关部门考试合格并持证上岗。

(2)瓦斯隧道安全监控系统除具有甲烷断电仪和甲烷风电闭锁装置的全部功能、故障闭锁功能外。当主机或系统电缆发生故障时,系统必须保证甲烷断电仪和甲烷风电闭锁装置的全部功能;当电网停电后,系统必须保证正常工作不少于 2h;系统必须具有防雷电保护;系统必须具有断电状态和馈电状态监测、报警、显示、存储和打印报表功能。

(3)瓦斯隧道必须根据现行《煤矿安全规程》有关条款规定进行系统设置。主要通风机、局部通风机应设置设备开停传感器;被控设备开关的符合侧应设置馈电状态传感器;各作业点参照"瓦斯安全监控系统专项方案"的规定设置甲烷传感器。

(4)编制隧道作业规程或安全技术措施时,必须对安全监控设备的种类、数量和位置、动力开关的安设地点、信号电缆和电源电缆的敷设、控制区域等明确规定,并绘制布置图。

(5)为防止甲烷超限断电,切断安全监控设备的供电电源,安全监控设备的供电电源必须取自被控制开关的电源侧,严禁接在被控开关的负荷侧。

(6)与安全监控设备关联的电气设备、电源线及控制线在拆除或改线时,必须与安质部共同处理。检修与安全监控设备关联的电气设备,需要安全监控设备停止运行时,须经工区副经理同意,并制定安全措施后方可进行。

（7）在使用安全监控设备前，必须按产品使用说明书的要求调试合格后方可使用。

（8）模拟量传感器应设置在能正确反映被监测物理量的位置。开关量的传感器应设置在能正确反映被监测状态的位置。声光报警器应设置在经常有人工作便于观察的地点。地面与洞内主站或分站，应设置在便于人员观察、调试、检验及支护良好、无滴水、无杂物的进风巷道或洞室中；安设时应垫支架，使其距隧道底板不小于300mm，或吊挂在隧道中。

（9）隔爆兼本质安全型等复合型本质安全型防爆电源，应设置在已经施作二次衬砌地段，严禁设置在断电范围内。隔爆兼本质安全型防爆电源，严禁设置回风巷内。

（10）安全监控仪器设备必须定期调试校正，每月至少一次。在设备验收时，安装前也必须调试校正。

每隔十天必须对甲烷超限断电闭锁和甲烷风电闭锁功能进行测试（包括零点、灵敏度、报警点、断电点、复电点、指示值、控制逻辑等）。

（11）安全监控设备发生故障时，必须及时处理，在故障期间必须采用人工监测等安全措施，并填写故障记录表。

（12）监控员必须24h值班，每班检查安全监控设备及电缆，使用便携式光学甲烷检测仪或便携式甲烷检测报警仪与甲烷传感器进行对照，并将记录和检测结果报监测值班员。当两者读数误差大于允许误差时，先以读数较大者为依据，采取安全措施，并必须在8h内对两种设备进行调试完毕。

（13）对需要经常移动的传感器、声光报警器、断电器及电缆等安全监控设备，必须由掘进班组长负责按规定移动，严禁擅自停用。

分站、传感器、声光报警器及电缆等安全监控设备，由所在工区施工队队长负责保管和使用，如有损坏及时向安质部汇报。

（14）凡经大修的传感器，必须经计量检定合格方可在洞内使用。

（15）瓦斯隧道安全监控系统监控室必须实时监控全部工作面瓦斯的浓度变化及被控设备的通、断电状态。

（16）瓦斯隧道安全监控系统监控室值班员必须认真监视监控器所显示的各种信息，详细记录系统各部分的运行状态，负责打印监测日报表，报工区副经理和技术主管审阅。

（17）安全监控系统管理机构必须对当日获得的信息进行分析整理送有关部门审阅。

（18）凡发生队组解脱或破坏安全监控系统，必须执行先停工后追查的制度。

9.3.7 瓦斯检测交接班制度

（1）瓦斯检查员必须执行隧道内现场交接班制度。隧道内应设立瓦斯检查员交接班洞室，洞室内备有照明灯、记录用桌凳。

（2）高瓦斯区和瓦斯异常区必须设专职瓦斯检查员，要在作业地点交接班，并在规程措施中做出明确规定。

（3）严格执行填写交接班记录制度。交接班要做到"上不清下不接"。接班人对交接内容了解清楚后,交接班人员都必须在"瓦检员瓦斯检查手册"上签字,记录备查。记录填写内容包括:检查员检查地点,瓦斯浓度检查情况,瓦检仪器的完好状态,当班瓦斯及沿途通防设施、设备的检查情况,交接班人员签字等。交接班记录在隧道内保存一个月,带到地面保存一个季度以上。

(4)交接时间:早班 7:30—15:00;中班 15:30—23:30;夜班 23:30—7:30。

9.3.8　瓦斯监控检测资料管理制度

(1)瓦斯监控检测资料员应根据资料内容进行资料盒的脊背、封面标识,做到整齐、美观,便于查阅。资料盒内应包括总目录、卷内目录、资料封面、分目录和资料内容五部分,各级目录及资料内容必须对应一致,层次清晰。

(2)资料应随工程进度及时收集、整理,项目齐全、字迹清楚、图面整洁、签章齐全,必须使用档案规定用笔。资料编制表格样式应符合国家、行业或地方有关规定。

(3)资料管理人员应根据工程进度及时填写瓦检资料,并按规定及时归档。资料填写人员应对资料内容的真实性、准确性负责。

(4)资料员随时掌握瓦斯检测及监测情况,保证资料指导施工,发现滞后情况时,应依据资料管理制度进行报告、催交工作。

(5)资料员负责对瓦斯检测及监测资料的编制情况进行初检。根据相关规范要求对资料中的内容填写、签名盖章、进行检查并督促相关人员整改,保证其正确性。对检查合格的资料,做好编目、外观整理、组卷等工作。

(6)应定期组织工程技术人员对工程资料进行自检,留下检查记录,按项目部规定对相关责任人进行奖罚并限期整改,并组织工程技术人员对资料检查中存在的问题进行认真分析、总结和再培训学习。

9.3.9　瓦斯监测检测信息沟通制度

为了让瓦斯检测结果及时、准确、有效地传达到施工现场和项目负责人,避免瓦斯超限和爆炸事故的发生,须制定瓦斯检测信息沟通制度,通过记录牌公布、口头、书面、会议、短信及电话汇报的形式。项目各职能部门、工作人员必须按规定积极参加沟通过程;有待协商解决的问题,及时沟通,直至问题获得解决;对于涉及责任界限的沟通,必须做记录签字。

瓦检员在检查过程中必须按规定时间向现场领工员、安全员汇报,领工员及时向项目负责人汇报检测结果。瓦检员如果在检查某一地点时,发现问题和隐患必须立即停止检查,通知领工员、安全员和通风组对隐患进行处理,处理完毕后,必须立即向项目负责人汇报,同时领工员、瓦检员须做好记录。如果没有按正常时间向项目负责人汇报,且没有说明原因,则按脱岗处理。

当班领工员必须认真按瓦斯巡回检查路线图表填写瓦斯检查员汇报的记录,决不允许瓦斯检查员一遍检查完后一起汇报再填写。发现有此现象,追究当班领工员和瓦斯检查员责任。

制定瓦斯分级管理制度,瓦斯浓度控制标准为 0.5%、1%、3.0%。

瓦斯浓度为 0.5% 时,要求停工检查的同时,报项目部安质部,由安质部组织安全员、领工员和瓦检员负责加强通风排放,直至小于 0.5%。

瓦斯浓度为 1% 以上时,及时停工撤人,报项目部安质部,并报项目部经理、总工、安全总监,由项目部领导到场协助处理,并组织项目总工、安全总监、工区经理、安全员、瓦检员和中心站管理人员,与领工员共同分析瓦斯超限原因,并如实记录,上报上级或相关单位。

9.3.10 瓦斯隧道动火审批制度

(1)动火作业分级

结合洞内实际情况,对洞内动火作业分类,分为 A 级、B 级、C 级三类:

① A 级动火作业:在易燃易爆场所进行的动火作业。

② B 级动火作业:在本单位区域内除易燃易爆场所之外的临时性的维修、改造、施工等动火作业。

③ C 级动火作业:在本单位区域内进行的固定的长期性动火作业。

④所有级别的动火作业都必须办理动火作业许可证。

(2)具体管理

①瓦斯隧道内及隧道口 20m 范围内为禁火区,所有动火作业均属于 A 级动火作业。

②需进行动火作业的,由施工单位提出申请,填写动火许可证,动火许可证上要详细写出动火安全措施。由施工单位的安全主管领导签字后,报项目部经总工程师、安全总监、通风调度及瓦斯监测部门会签后才能动火。

③动火许可证一式两份,动火单位一份,安全部一份。

④动火作业应接受项目部安全员、瓦检员的监督和检查。作业前清除一切可燃物、助燃物,瓦检员对瓦斯进行测定,瓦斯限值降到规定浓度时才可进行动火作业,同时加强隧道通风。作业过程中,瓦检员应随时对动火区域 20m 范围内进行瓦斯检查,出现异常情况,安全员、瓦检员有权停止动火作业。

(3)动火申请及要求

① A 级动火必须在动火前两天提出申请,由于意外原因(如抢险救灾、隧道坍塌支护等)突然造成事故而必须立即动火检修的项目除外,但动火前也应填写动火许可证,并征得项目部主管领导的同意,方可动火。

② B 级动火必须在动火前一天提出申请,由于意外原因(如抢险救灾、隧道坍塌支护等)突然造成事故而必须立即动火检修的项目除外,但动火前也应填写动火许可证,并征得项目部总工程师的同意,方可动火。

③ C级动火必须在动火前4h提出申请,由于意外原因(如抢险救灾、隧道坍塌支护等)突然造成事故而必须立即动火检修的项目除外,但动火前也应填写动火许可证,并征得项目部安全总监的同意,方可动火。

④施工单位在动火作业范围必须做好安全防火措施,备齐必要的消防器材,接受监督和检查。

⑤动火作业完成后,施工单位应仔细检查,熄灭一切火源,谨防死灰复燃,做到工完场清。经现场监督检查人员验收签字后,施工单位方可撤出。

⑥无动火许可证禁止在禁火区动火,违反本制度的单位和个人将严厉追究其责任。

(4)动火作业的安全规定

①防火、灭火措施没落实不动火。

②周围的杂物和易燃品、危险品未清除不动火。

③附近难以移动的易燃结构物未采取安全防护措施不动火。

④凡盛装过油类等易燃、可燃液体的容器、管道用后未清理干净不动火。

⑤进行高空焊割作业时,未清除地面的可燃物品和采取相应防护措施不动火。

⑥动火场所未采取安全防护措施,危险性未拔除不动火。

⑦未有配备灭火器材或器材不足不动火。

⑧现场安全负责人不在场不动火。

⑨隧道内瓦斯超限,未达到安全值不动火。

⑩没有瓦斯检测员在场,未对该段进行检测不动火。

9.3.11 现场安全盯岗制度

为保证项目节假日及休息时间(包括夜间)安全生产工作的连续性,保证在紧急事件发生时的应急组织、领导、指挥能力,分部安全生产领导小组决定在分部范围内建立健全并进一步完善安全生产值班盯岗制度。

明确值班盯岗范围。分部日常管理、节日期间和特殊时期(夜间施工)特殊岗位(掌子面开挖、揭煤、瓦斯排放等)应按照此制度进行值班盯岗。安排生产、技术、工程、行政等主要负责人,轮流承担本项目的安全生产值班盯岗任务,根据具体情况按周或旬排好顺序轮流值班。

(1)值班干部在值班期间,负责本单位的全面安全生产工作,对其管辖范围内所发生的伤亡事故,负责组织抢救、指挥保护现场、上报处理。参与安全生产教育工作。参与本单位新进员工的安全教育,积极参加并检查本单位安全活动。

(2)参与安全生产检查,对危险性较大的施工,必须全过程盯防,对所负责范围经常进行安全检查,着重检查施工现场的安全设施是否合格,检查各项安全措施是否落实,检查瓦斯监测、通风、防爆、监控措施是否落实,检查"三宝"(安全帽、安全带、安全网)使用是否认真,检查临边的防护是否完善,检查机械设备、临时用电是否安全、消防、保卫制度、措施是否落实等。对检查出的问题认真组织整改,并严格执行安全纪律。

(3) 对值班管辖范围内发生的伤亡重大未遂事故负有管理责任。要认真参加事故处理,本着"四不放过"原则,以实例教育职工,采取可靠防护措施,预防事故重复发生。

(4) 经常听取意见,针对值班内的安全生产实际情况,及时向上级反映情况,并提出积极建议,改进安全管理工作。要及时了解施工现场发生的重大情况,及时帮助解决施工现场解决不了的问题,及时向上级反映施工现场的情况。

(5) 值班人员应保证通信畅通,因故离开要向主管领导请假,安排替班人员,重要时期不离岗脱岗。特殊岗位人员,任何时间都不得脱岗。值班人员认真填写好安全值班记录。

为更好发挥领导干部现场作用,现场盯岗干部的职权:

(1) 安全值班人员在值班期间,及时掌握安全生产情况。对违章冒险作业应给予制止;必要时有权决定罚款和暂停生产,并迅速向分部领导报告。对不听劝告的违章者,有权提出处罚意见并进行处罚。

(2) 有权拒绝执行违章冒险作业的指令,并立即向主管安全的领导报告。

(3) 凡进入施工现场的人员,在安全生产问题上都必须听从安全值班人的意见和指挥。

9.4 安全应急救援管理

9.4.1 组织机构及相关职责

成立以项目经理为指挥长的应急救援领导小组,设调度室,下设 7 个处置组:专业救护组、机电设备组、通风组、施工技术组、安全质量组、后勤保障组、善后处置组。

① 总指挥职责:全面负责应急救援组织活动,发布救援命令,向上级汇报救援工作进展情况,制定救援方案和应急措施。

② 副组长职责:是组长处理事故的第一助手,在组长领导下配合专业救护队组织制订营救人员和处理事故的计划;总指挥不在时,由副总指挥依次行使指挥权。

③ 成员职责:根据营救人员和处理事故的方案,以专业救护队人员为主题组织为处理事故所必需的工人待命,及时调集救灾所必需的设备材料。

各专业处置组任务及职责:

① 专业救护组:由具有矿山救援资质的救援单位组成,对煤与瓦斯突出事故的救援行动具体负责,根据营救和处理事故计划规定的任务,完成对事故遇险、遇难人员的救援和事故处理。

② 机电设备组:检查所有进入瓦斯隧道的机电设备必须符合防爆要求;督导机械班、

电工班对应急机电设备进行检测和日常维修保养;对防爆设安装、维修、使用人员加强防爆知识业务学习,做到判断事故准确、处理及时。

③通风组:按照组长命令负责改变隧道通风系统,为实现自然通风恢复主通风机运转做好技术指导工作,重视主通风机的工作状况和组织完成必要的通风工程,组织瓦斯排放并执行与通风有关的其他措施。

④施工技术组:按照组长命令负责协调各方面的工作,协助专业救护队进行抢救、撤人和灾害处理。

⑤安全质量组:监督各种安全检查质量事故隐患的整改和各项安全质量措施的落实;负责瓦斯隧道施工人员的安全培训工作,做好瓦斯隧道安全知识的宣传和普及;建立健全瓦斯隧道施工的各种岗位安全制度;组织安全检查,负责揭煤前及揭煤过程中的安全工作,监督瓦斯隧道各工种施工人员,认真落实岗位安全质量保证措施。

⑥后勤保障组:做好后勤保障,保证瓦斯隧道施工、材料、机备供应和人员资金到位;加强瓦斯隧道施工人员的职业道德,安全意识教育,牢固树立"安全第一"的思想。

⑦善后处置组:负责现场的清理工作;负责对外理赔工作;负责伤亡事故的赔偿处理工作;参与事故调查、分析和总结教训。

9.4.2 预防与预警

(1)煤与瓦斯突出危险源监测监控方式

①各级领导、各有关业务部门在危害辨识、风险评价的基础上,对辨识出的、难以控制的隧道煤与瓦斯方面重大危险源,建立台账,分级管理,加强业务工作,督促隐患整改,安装监测报警装置,控制风险,防止事故发生。

②健全完善安全隐患公布及排查制度。定期把隧道安全监控系统提供的数据、各类安全检查查出的安全隐患进行综合分析,提出隧道的安全隐患排查表,明确整改措施、负责人和完成时间,并公之于众。

③按重点防突的掌子面的名称、地点,石门揭煤或震动性放炮的地点、放炮时间以及停电、撤人的范围要在洞口调度室预警预报栏公布。

④加强对全体员工的防突知识培训,提高员工防灾、治灾意识和能力,要求每位员工熟知煤与瓦斯突出前的预兆及发生突出事故后的抢险自救措施。

(2)煤与瓦斯突出事故的防治措施

①防突工作应当做到多措并举、可保必保、应抽尽抽、效果达标。

②认真做好掌子面突出危险性预测预报,当预测有突出危险时,及时采取防突措施并进行措施效果检验、采取安全防护措施。

③掌子面坚持每班观测围岩结构变化情况,遇地质构造或出现突出预兆时,都必须停止施工,撤出人员,向调度室汇报,待采取措施、消除突出危险后,方可恢复施工。

④掌子面安设压风自救器,作业人员随身携带压缩氧自救器,在工作面附近新鲜风流巷

道中安设直通调度室的防爆电话。

9.4.3 信息报告程序

报警系统及程序如下：

①一旦发生隧道煤与瓦斯突出事故，工班长应尽可能了解和弄清事故的性质、范围和影响程度，迅速向调度室电话汇报，同时组织人员往洞外撤离。

②调度室接到事故电话汇报后，立即向应急救援小组组长汇报，由组长启动应急救援预案。调度室负责通知应急救援小组成员到场。

③组长通知专业救护队进场，同时组长应于 30min 内向项目部汇报。汇报的主要内容包括：

a. 事故发生单位概况。

b. 事故发生的时间、地点以及事故现场情况。

c. 事故类型及简要经过。

d. 影响范围。

e. 事故已经造成或者可能造成的伤亡人数（包括下落不明的人数）和初步估计的直接经济损失。

f. 事故原因的初步判断。

g. 应急预案的启动情况。

h. 已采取的应急救援措施和进展情况。

i. 需请示报告的其他事项等。

9.4.4 应急处置

（1）响应程序

一旦发生煤与瓦斯突出事故，由组长启动应急救援预案，根据事故性质，并进行上报。

应急救援预案启动后，调度室值班人员按照应急救援人员通知明细表，迅速通知有关领导和人员立即赶到事故现场，按照各自职责全面开展应急救援工作。

（2）处置措施

应急预案启动后，应急救援小组根据现场实际情况采取下列措施：

①尽快安全撤出洞内施工人员，并封锁洞口，严禁任何人员设备进入事故隧道。及时救治受伤人员，并详细统计排查未出洞人员。

②迅速找到并控制或消除事故的危害和危险源，防止事故扩大。由专业救护队综合各方情况，制订救援方案。由配备全套专业救护设备的救护队员适时进入施工现场侦查搜救。

③根据事故性质迅速恢复被损坏的洞外供电、通风、排水、通信等系统，确保抢险救灾工作的顺利进行。

④根据专业救护队侦察情况迅速制订救灾方案和救灾计划。

⑤现场应急处置应遵循的原则：

a. 救人优先的原则：现场工作人员本着"以人为本，救人第一"的原则，首先进行自救，然后进行救助他人。

b. 防止事故扩大，缩小影响范围的原则：事故发生后，隧道内人员只出不进。

c. 保护救灾人员生命安全的原则：只能有专业救护队根据制定的方案进洞救援。

⑥事故发生后的应急处置措施：

a. 发生突出事故后，在专业救护队未达到之前，在带班干部和班组长带领下迅速组织现场人员开展自救和互救，施工人员迅速佩戴好隔离式自救器按最短的避灾路线撤到洞外，在撤离时要设法切断洞内电源。

b. 专业救护队必须按照应急救援小组指令在30min内到达事故地点进行抢险救灾。到达事故现场后，首先设置警戒；组织人员进行侦察工作，准确探明事故性质、原因、范围、被困人员可能的位置，以及巷道通风、瓦斯等情况，积极搜索被困人员。并随时与调度室保持联系，汇报抢险进展情况。

c. 专业救护队员在隧道内抢救时必须遵循以下原则：

采取一切有效措施，及时救助遇险人员，尽量减少人员伤亡；发现火源要立即扑灭；确认无二次突出可能时，要及时恢复破坏的隧道通风设施，恢复正常通风；对充满瓦斯的主要隧道加强通风，迅速按规定将高浓度瓦斯直接引入副井排出隧道。

d. 要慎重处置隧道内电源，断电作业应在远距离进行，防止产生电火花引起爆炸。

e. 洞内不准随意启闭电器开关，不要扭动防爆灯和灯盖，防止引爆瓦斯。

f. 制定相应安全措施，排除隧道内的高浓度瓦斯等有害气体，整修恢复通风系统，按措施清理突出煤渣，防止事故再生和扩大。

（3）医疗卫生救助

煤与瓦斯突出事故发生后，需立即向最近的医疗卫生机构请求支援。

（4）应急人员的安全防护

①现场应急救援人员应根据需要携带相应的专业防护装备，采取安全防护措施，严格执行应急救援人员进入和离开事故现场的相关规定。

②应急救援小组根据需要具体协调、调集相应的安全防护装备。

（5）现场检测与评估

根据需要，应急救援小组成立事故现场检测、鉴定与评估小组，综合分析和评价检测数据，查找事故原因，评估事故发展趋势，预测事故后果，为制订现场抢救方案和事故调查提供参考。检测与评估报告要及时上报。

（6）应急结束

①恢复正常状态的原则。

a. 以人为本的原则：事故现场抢险救援结束后，必须核实灾区内伤亡人数，确保遇险人员全部获救。

b. 保证安全原则：恢复正常状态前，必须对事故现场进行侦察，并消除或控制可能造成二次事故或诱发其他事故的隐患。

c. 实施监控原则：对事故现场进行人工和安全仪器仪表的连续监控，发现异常情况，立即采取相应安全技术措施，消除各类隐患。

②恢复正常状态的程序。

当事故应急处置工作结束后，分部已经进入恢复阶段，应急救援小组确认应急状态可以终止时，由应急救援小组组长决定并发布应急状态终止命令，宣布应急状态终止。

在应急状态终止后，应根据需要，组织信息发布，由书记说明有关事故处理完毕后的调查结果、采取的措施、善后处理的安排及预防改进措施等。

9.4.5 后期处置

应急救援小组负责组织煤与瓦斯突出事故的善后处置工作，包括人员安置、补偿，征用物资补偿，灾后重建，污染物收集、清理与处理等事项。尽快消除事故影响，妥善安置和慰问受害及受影响人员，保证社会稳定，尽快恢复正常安全生产秩序。

9.4.6 保障措施

（1）通信与信息保障

建立健全煤与瓦斯突出事故应急救援信息报告系统；建立完善救援力量和资源信息数据库；规范信息获取、分析、发布、报送格式和程序，保证信息资源共享，为应急决策提供相关信息支持。

（2）应急设备及用品保障

急救设备，救护队备齐包括急救药品、器具、设备等急救设备。抢修设备，包括工程车辆、维修工具、备用品等。防护用品，包括防护服、防护帽、防护眼镜、手套、呼吸器、防毒面具等。测量设备等。

（3）图表资料保障

包括隧道通风系统示意图、通风网络图及供水、压风管路系统图、供电系统图、排水系统图。

（4）应急队伍保障

煤与瓦斯突出应急救援队伍主要由专业救护队、应急救援小组组成。

（5）交通运输保障

发生煤与瓦斯突出事故后，调度负责交通车辆的安排，负责保证隧道内运输线路的畅通。

（6）医疗卫生保障

医疗救护队负责常规医疗用品的准备，负责配备相应的医疗救治药物、技术、设备和人员,提高医疗卫生机构应对煤与瓦斯突出事故的救治能力。

(7)资金保障

应当随时做好事故应急救援必要的资金准备。

(8)技术储备与保障

工程部技术室在发生煤与瓦斯突出时,为应急救援提供技术支持和保障。

第 10 章

问题探讨

Key Technologies of Gas Tunnel Construction

Key Technologies of Gas Tunnel Construction

10.1 铁路隧道与煤矿施工规范适用性探讨

瓦斯隧道施工经验少、技术发展落后、专用施工装备不配套、没有形成成熟系统的管理和规范的问题日益突出。

2002年,在总结相关瓦斯隧道施工经验,同时借鉴了煤矿相关规范的基础上,铁道部颁布了《铁路瓦斯隧道技术规范》(TB 10120—2002),成为交通建设行业唯一的技术规范。除此之外,在日常施工中,施工单位不得不参考甚至照搬煤炭系统相关规定。但是,由于不能深刻认识瓦斯隧道施工原理,不考虑隧道施工的特点,机械照抄照搬煤矿经验,同样会导致事故的发生,也必然会增加施工成本和工期,造成巨大的浪费。另外,自《铁路瓦斯隧道技术规范》(TB 10120—2002)颁布至今已有十多年的使用时间,期间新技术、新工法、新工艺、新装备层出不穷,目前《煤矿安全规程》和《防治煤与瓦斯突出细则》也进行多次修订,现有铁路瓦斯隧道相关规范已经越来越不适应现场施工技术的发展。

10.2 瓦斯工区划分应动态调整

目前,《铁路瓦斯隧道技术规范》(TB 10120—2002)将瓦斯隧道分为低瓦斯隧道、高瓦斯隧道及瓦斯突出隧道。其中工区又分为非瓦斯工、低瓦斯工区、高瓦斯工区、瓦斯突出工区。主要划分依据是瓦斯涌出量指标,这种划分过于简单笼统,不能全面、动态的反映隧道内复杂的各项因素,会给现场施工管理带来很多不便。更重要的是,会增加不必要的成本和工期延误。

例如中梁山公路隧道施工中,就存在全隧(3165m)按瓦斯隧道施工管理和局部(煤系段300m)按瓦斯隧道施工管理的争论。最终采取在加强通风和检测的基础上,煤系地层段两端按普通隧道施工。事实证明,这一做法既安全、高效,又没有增加太多投资。

中梁山隧道施工虽为个例,但也说明建立一个科学合理的等级划分体系的重要性。同时,应建立机制,使同一瓦斯工区,同一工序在不同的施工阶段应该分别进行客观合理的评价,对安全设防等级进行动态调整,使施工在安全的基础上,更加高效、经济。

10.3 装运设备采用有轨无轨的探讨

关于煤矿隧道与瓦斯隧道装运设备差异的探讨,在 2.3.5 节已此处不在赘述。

10.4 现有规范与现场施工的不匹配

目前,瓦斯隧道施工遵循的是 2002 年铁道部颁布的《铁路瓦斯隧道技术规范》(TB 10120—2002),较好地规范、指导了瓦斯隧道的设计、施工。但在实际施工过程中,仍有部分条款和设计值得商榷。

10.4.1 电气设备和施工机械

《铁路瓦斯隧道技术规范》(TB 10120—2002)中 8.1.1 条中明确规定:"隧道内非瓦斯工区和低瓦斯工区的电气设备与作业机械可使用防爆型,其行走机械严禁驶入高瓦斯工区和瓦斯突出工区;隧道内高瓦斯工区和瓦斯突出工区的电气设备与作业机械必须使用防爆型。"

该条款在根本上是正确的,但不免过于笼统和绝对。故而,在设计文件中常见到"采用有轨运输"的要求。根据前一节对煤矿巷道和瓦斯隧道施工差异的探讨可知,煤矿施工周期较长(一般为几十年),煤与瓦斯全部采用防爆设备是非常合理的。瓦斯隧道中真正的高瓦斯或者瓦斯突出工区段落一般都不长,施工期也相对较短,若全部按有轨运输和防爆设备,不仅在成本上造成巨大的浪费,而且功效降低,延误工期。同时,有轨设备本身也存在安全风险。近些年来,随着新技术的发展,对现有无轨设备进行防爆改装进行瓦斯隧道施工的技术得到了越来越多的应用,截至目前已有几十座各类瓦斯隧道得到成功实践,说明在经过合格规范的改装,合理有效的通风,严格的检测和管理的条件下,采用无轨防爆改装设备是完全可行的。

10.4.2 双电源

《铁路瓦斯隧道技术规范》(TB 10120—2002)中 8.1.1 条中明确规定:"高瓦斯和瓦斯突出工区必须配置双电源。"条文解释中说明:双电源指分别来自两个变电站的不同母线段的电源;或一条来自变电站,一条来自自备电站的两条电源线路。

在实际施工中,往往从安全风险单方面考虑,片面地要求双电源采用双变电站的方案。隧道,尤其是铁路隧道一般地处偏远山区,按此要求执行非常困难,就算实现,其代价也是相当巨大的。因此该条款其实并不适用。

采用"网电 + 自备电站(发电机组)"的方案,又往往涉及电源转换的问题。《铁路瓦斯隧道技术规范》(TB 10120—2002)中 7.3.1 条中明确规定:"当一路电源停电时,另一路应在 15min 内接通,保证风机正常运转。"

正确的做法应该是:发电机组仅需负责向通风系统和监控系统供电;严格日常的通信、通风、发电设备的维护保养;经常进行电源转换演练,揭煤前全面检查预热;一旦有事,立即撤人。在施工实践中,完全能够在 10min,甚至更短的时间内完成电源转换。

10.4.3 风速问题

《铁路瓦斯隧道技术规范》(TB 10120—2002)中 7.2.7 条中明确规定:"瓦斯隧道施工中防止瓦斯积聚的风速不宜小于 1m/s。"条文解释中说明:该数据参照南昆线家竹箐隧道实测数据制定。

该条款要求过高,且仅参照一座隧道实测数据制定,并不科学。瓦斯隧道施工的关键之一在于通风,加强通风没有错,但不应过高要求,过犹不及。各隧道地层、瓦斯赋存及涌出情况、断面形式、通风方式等均不尽相同。家竹箐隧道实测数据只能证明适用于其本身,不能作为规范的依据。各隧道应根据各自情况、特点,编制科学有效的通风方案,选取合适的参数。某隧道横洞工区作为瓦斯突出工区,根据自身情况,通过计算,确定了(回风流中)0.25m/s 的最低风速,实测风速 0.3～0.4m/s,揭煤时 0.5～0.6m/s,完全满足了安全施工的需要。如若刻板地执行 1m/s 的最低风速要求,必将造成巨大的浪费。

当然,特殊情况下需要提高风速另当别论,但也需要实际计算。

10.4.4 揭煤

《铁路瓦斯隧道技术规范》(TB 10120—2002)中 2.0.6、6.5.2、6.5.3 条中明确规定:"采用震动放炮措施时,石门开挖工作面距煤层的最小垂直距离是:急倾斜煤层 2m、倾斜和缓倾斜煤层 1.5m,如果岩层松软、破碎,还应适当增加垂距。石门揭煤宜用微震动爆破法。急倾斜

179

和倾斜的薄煤层,应一次全断面揭穿煤层全厚;急倾斜和倾斜的中厚、厚煤层,一次全断面揭入煤层深度宜为1～1.3m;缓倾斜煤层,应一次全断面揭开岩柱。当倾角小于12°,岩柱水平长度大时,可刷斜面揭开煤层。"

在石门围岩较好的急倾斜—倾斜,中厚—厚煤层揭煤施工中,会出现以下问题。由于煤层倾斜的原因,在揭煤时石门部分位置的实际厚度将超过1.5～2m的规定值,再加上矿用炸药的低猛度特性,要达到规定的全断面入煤深度是很困难的。一旦揭煤不成功,反而增大施工安全风险。采用大断面刷斜坡的方式在实际施工中难度较大,且斜面也无法进行钢拱架支护等施工,也存在风险。

渝黔线天坪隧道的做法是:根据煤矿渐进式揭煤的成熟经验,将隧道断面化大为小,平导采用上下台阶,正洞采用三台阶的开挖工法,从上而下的顺序揭煤。在确保消突措施有效,效果检验合格的情况下,上台阶可灵活调整石门厚度,采用边探边掘的渐进方式逐渐接近煤层。在确保能够一次成功的情况下才进行揭石门爆破。最小一次揭石门厚度为1m。同时,根据煤矿的揭煤经验,在煤矿巷道断面条件下,见煤面积达到$1m^2$即可判定为揭煤成功,而不需要全断面见煤。这方面值得我们继续研究探讨。

10.4.5　消突措施

对高瓦斯和瓦斯突出隧道而言,消突措施是一项主要的施工内容,也是成败的关键之一。但规范仅对排放做了一定程度的规定。在实际施工中,由于工期等方面的考量,会采取一些新的措施,如抽排、水力压裂、水力冲孔、水力割缝等,来提高排放效率,节约时间,降低成本。规范在这方面并没有相应的规定。同时,排放时间统一规定为15～30d,也不科学,没有普遍意义。

另外,揭煤后续施工的内容也需要完善。如:揭煤与安全步距的协调关系、二次衬砌等施工的安全规范等。

10.5 存在的管理问题

10.5.1　管理体制创新有待突破

当前一段时期内,瓦斯隧道,尤其是瓦斯突出隧道施工高要求与现场实际之间的矛盾仍将存在。各项目都建立了不同的组织管理模式。由于种种原因,在施工过程中或多或少都存在问题,带来很多安全隐患,甚至引发事故。因此,不管采取何种模式,都必须严密高效、切实可行、便于操作。建议在施工中采用"项目部＋专家组＋专业施工班组＋第三方监管"的模式进行施工。

项目部作为施工管理的主体,负责方案编制、组织协调施工管理。成立专家组,聘请各方面专家,尤其是对相应煤系地层比较熟悉的煤矿方面的专家,对方案编制、设计优化、管理体系等进行全方位的指导。

引入专业的施工班组,目前主要是煤矿,尤其是熟悉相应煤系地层施工的煤矿班组。主要是按设计及方案施工风险性较大,较复杂,较专业的如钻孔施工、抽排施工、揭煤施工等。另外,对关键的瓦斯监测、通风、供电等宜采用专业化的班组进行施工。

增加第三方监管力量。目前主要是煤矿、科研院校等单位专业人员,也可以是有条件的专家组成员组成,对项目部负责。主要作用是弥补项目部瓦斯施工日常管理力量的不足。第三方人员常驻工地,对施工方案、管理制度的现场执行进行监督指导,对现场突发情况进行指导处置。

各部分通力协作,互为补充,也互为监督。并与建设单位、监理单位、设计单位的管理相融合,最终实现方案最优、效率最高、管理最严、执行最好、效果最佳的目的。

10.5.2 应倡导创新,勇于创新

由于瓦斯隧道施工的高风险性,很多单位和个人在编制施工方案和现场施工管理过程中,往往过于保守,止步于"老传统、老做法",不敢创新,不想创新。从科学发展的角度来看,这是非常不可取的,严重地制约了瓦斯隧道施工技术的发展。一些项目不结合现场实际,不认真深刻地研究瓦斯隧道施工技术的内涵,机械、教条的执行规范,对"四新"(新技术、新工艺、新工法、新设备)成果不想用、不敢用,甚至只把设计和规范当作规避责任的"挡箭牌",制约了管理体制创新与发展。

为了从技术层面提供更为合理、可靠的保障,我们应该积极、稳妥的采用和发展"四新"成果,不断地推进瓦斯隧道施工技术的健康发展。这也需要我们的主管部门从规范更新、管理体制等各层面创造一个更为科学合理的环境。

参 考 文 献

[1] 马雷舍夫,艾鲁尼,胡金,等.煤与瓦斯突出预测方法和防治措施[M].北京:煤炭工业出版社,2003.
[2] 国家安全生产监督管理总局.保矿安全规程[M].北京:煤炭工业出版社,2011.
[3] 国家安全生产监督管理总局.防治煤与瓦斯突出规定[M].北京:煤炭工业出版社,2009.
[4] 中华人民共和国铁道部.铁路瓦斯隧道技术规范:TB 10120—2002[S].北京:中国铁道出版社,2002.
[5] 王明慧,西南山区煤与瓦斯突出隧道施工技术[M].成都:西南交通大学出版社,2017.
[6] 陈寿根,谭信荣.瓦斯隧道施工风险管理与控制技术研究与实践[M].北京:人民交通出版社股份有限公司,2015.
[7] 洪开荣.山区高速公路隧道施工关键技术[M].北京:人民交通出版社,2011.
[8] 张忠爱,杨仁春.渝黔铁路天坪隧道有害气体预测预报方法[J].隧道建设,2017(5):618-621.
[9] 王明慧,鲁军良.综合超前地质预报在天坪隧道施工中的应用[J].铁道建筑,2014(3):30-32.
[10] 洪开荣.我国隧道及地下工程发展现状与展望[J].隧道建设,2015(2):95-107.
[11] 李永生,杨立新,王栋,等.天坪铁路隧道瓦斯抽放防突技术研究[J].隧道建设,2016(4):444-450.
[12] 李永生.隧道施工通风管理问题探讨[J].隧道建设,2015(7):709-715.
[13] 张涛.天坪隧道横洞高瓦斯工区无轨运输方案选择[J].中华建设科技,2015(8):173-176.
[14] 王明慧,杨琨,张忠爱,等.瓦斯地层中铁路隧道爆破施工技术[J].铁道建筑,2016(4):76-79.
[15] 刘伟帮.分区管理在天坪瓦斯隧道中的应用[J].公路交通技术,2016(5):96-99.
[16] 陈海锋.区域防突措施在瓦斯突出隧道施工中的应用[J].公路交通技术,2016(5):100-104.
[17] 陈海锋.铁路瓦斯隧道施工中若干问题的对比研究[J].现代隧道技术,2017(5):18-23.